KB133578

오늘부터
심플하게
일하기로
했다

MENTOKUSAGARU JIBUN WO UGOKASU GIJUTSU by Mayu Tomiyama
Supervised by Jun Ishida
Copyright ⓒ Mayu Tomiyama, 2016
All rights reserved.
Original Japanese edition published by Nagaokashoten, LTD.
Korean translation copyright ⓒ 2017 by Mentor Books
This Korean edition published by arrangement with Nagaokashoten, LTD., Tokyo,
through HonnoKizuna, Inc., Tokyo, and EntersKorea Co., Ltd.

이 책의 한국어판 저작권은 (주)엔터스코리아를 통해 저작권자와 독점 계약한
(주)멘토르출판사에 있습니다. 저작권법에 의하여 한국 내에서 보호를 받는
저작물이므로 무단전재와 무단복제를 금합니다.

오늘부터
심플하게
일하기로
했다

미니멀 비즈니스 실천법 50

도미야마 마유 지음
이시다 준 감수
박재현 옮김

의욕은 있는데

좀처럼 행동으로 옮기지 못하고,

밀고 나가지 못하고,

꾸준히 하지 못한다.

당신은 실천하지 못하는 사람이

되어버린 것일까?

무엇이든 자꾸 미룬다

일이 진척되지 않고
야근이 많다

새로운
일을
시작할 수
없다

항상
피드백에
쫓긴다

일하면서
TV나 스마트폰을
본다

'귀찮다'가
입버릇이다

열심히 하는데
성과가 나지 않는다

다이어트도 작심삼일

당신이 **실천하지 못하는 것은**

게으름이나 **의욕, 성격,**

하물며 **능력** 탓도 아니다.

자신을 바르게 움직이는 요령을

모를 뿐이다.

실천하지 못하는 사람의 **주요 유형**

자신감 과잉 유형

때가 되면 언제든 할 수 있다는 생각에 마냥 미룬다. 입버릇은 "아직 할 마음이 들지 않았을 뿐이야."

분석사고 유형

이론으로 가득해 행동하기 전에 만족하는 말 많은 유형이다. 입버릇은 "이제 하기만 하면 된다."

완벽주의 유형

조금이라도 순조롭지 않으면 금방 포기한다. 입버릇은 "지금 내게는 필요 없다."

승인욕구 유형

'좋다!'는 말을 듣지 않으면 분발하지 않는다. 입버릇은 "난 칭찬으로 성장하는 인간이라."

현실도피 유형

행동하기 전부터 실패했을 때를 상상하고 오금을 펴지 못한다. 입버릇은 "실패하면 어쩌지."

3장 미니멀 비즈니스를 실천하는 습관 키우기 • 91
자신을 일으켜 행동한다

미니멀 비즈니스를
실천하자

시작하지 못한다, 이어지지 않는다, 끝나지 않는다.
이것은 당신의 의지가 약하기 때문이 아니다.

미니멀 비즈니스 실천으로
오늘부터 심플하게 일하자

'바빠서 늘 책상 위가 엉망진창이다. 찾는 자료를 바로 찾지 못해 온종일 짜증난 채로 일한다.'

'월말까지 영업 목표를 달성하기 위해 쩔쩔 매고 있다. 월초에는 의욕적이지만 날이 갈수록 의욕은 차츰 식고 결국에는 늘 목표를 달성하지 못한다.'

'특별히 느리거나 실수가 많은 게 아닌데 늘 야근한다. 약속한 모임에도 계속 참석하지 못했더니 최근엔 아무도 불러주지 않는다.'

'올해는 반드시 다이어트에 성공하려고 식단조절을 했는데, 결국 참지 못하고 먹고 말았다. 자괴감이 밀려온다.'

'영어로 간단한 의사소통은 해야 한다는 생각에 서둘러 영어회화 학원에 다니기 시작하고 온라인 영어회화 강의도 신청했지만 곧 흐지부지되고 말았다.'

매일매일의 생활 속에서 이런 고민을 하는 사람이 많다.

- 좀처럼 행동으로 옮기지 못한다.
- 꾸준히 행동을 이어가지 못한다.
- 원활하게 행동을 끝내지 못한다.

당신은 어떤가? 이런 고민이 좀처럼 해소되지 않는 것은 의욕은 있지만 행동하지 못하는 데 대한 자괴감이 깔려 있기 때문이다. 결코 의욕이 없는 게 아니다. 누구든 바라는 것을 이루고 싶어한다. 그럼에도 불구하고 시작하지 못하고, 예정대로 끝내지 못하고, 꾸준히 이어나가지 못한다.

결국 그런 자신을 의지가 박약하다며 한탄한다. 그리고 여러 차례 실패하는 가운데 '내 성격이나 능력에 문제가 있는 게 아닐까?'라며 자신을 의심의 눈초리로 보기도 한다.

그러나 안심하자. 시작하지 못한다, 꾸준히 이어가지 못한다, 예정대로 끝내지 못하는 것은 당신의 의지가 약하기 때문이 아니다. 무엇보다 당신의 성격이나 능력에 문제가 있어서 그런 게 아니다. 당신은 자신을 행동하게 만드는 아주 작은 요령을 모를 따름이다. 단지 그뿐이다.

근성이나 의지만으로
인간은 움직이지 않는다

나는 '행동과학 매니지먼트 연구소'에서 컨설턴트로 활동하고 있다. 또 IT 기업, 제약회사, 여행사 등 수많은 기업에서 사원연수나 각 개인이 나아갈 방향을 제시하는 셀프매니지먼트 세미나를 개최해 성과를 내는 행동을 습관화하기 위해 조력을 다하고 있다.

'행동과학 매니지먼트'는 미국의 비즈니스 업계나 교육계에서 큰 성과를 올리고 있는 행동분석학·행동심리학을 근거로 한 매니지먼트 방법을 우리 사정에 맞춰 변형시킨 것이다. 그 덕분에 많은 사람들로부터 즐거운 결과를 들을 수 있었다.

'선생님 조언대로 책상을 정리했더니 이번 달 영업 성적이 올랐어요.'

'몸이 움직이는 시스템을 만들었더니 업무 효율이 오르고 야근도 하지 않게 되었다.'

'지금까지 수차례 좌절해온 조깅인데 지금은 오히려 달리지 않으면 찜찜하다.'

'시간적인 여유가 생겨 이전부터 하고 싶던 영어회화 공부를 위해 영어회화 학원에 다니고 있다.'

행동과학 매니지먼트 방법으로 가뿐하게 움직일 수 있게 되는 것일까? 그것은 의지에 기대지 않기 때문이다. 다들 당연한 듯 생각하지만, 전문가가 보면 의지의 힘으로 행동하는 것은 매우 수준이 높다.

매일 일찍 일어나는 것을 예로 생각해보자. 늦은 밤에 하는 TV 프로의 시청, 직장 동료나 친구들과의 모임, 갑자기 생긴 야근……등등, 당신의 이른 기상을 방해하는 것은 한두 가지가 아니다. 그런데 끈기나 의지만으로 매일 일찍 일어날 수 있다면 그것은 오히려 기적에 가깝다.

그래서 행동과학 매니지먼트에서는 '인간이 의지만으로 행동하는 것도, 꾸준히 이어가는 것도 어렵다'는 것을 전제로 한다. 그리고 '자연스럽게 행동하고 싶어지는 환경이나 시스템을 만들면 된다'고 생각한 것이다.

목표 달성을 방해하는
'과잉행동'을 줄여
미니멀 비즈니스를 실천한다

행동과학 매니지먼트를 사용하면

목표 달성에 필요한
'부족행동'을 늘리고
가뿐히 움직이게 된다

미니멀 비즈니스를 위한 행동과학 매니지먼트

→ 특징① 부족행동을 늘리고 과잉행동을 줄인다

행동과학 매니지먼트에서는 행동을 크게 두 가지로 나눈다. 한 가지는 '부족행동'이다. 이것은 목표 달성에 필요한 행동을 말한다. 또 한 가지는 '과잉행동'이다. 이것은 목표 달성을 방해하는 행동을 말한다.

당신이 매일 조깅을 이어가고 '싶다', 좀 더 영어 공부를 하고 '싶다', 이른 아침에 벌떡 일어나고 '싶다'면 결국 조깅, 영어 공부, 이른 기상이 '부족행동'에 해당한다. 사실 더 행동하고 싶지만 하지 못하는 행동이다.

그런데 조깅을 계속하고 싶지만 무심코 TV를 본다, 영어 공부를 하고 싶은데 야근이 많다, 일찍 일어나고 싶지만 매일 회식이 이어진다. 이런 경우라면 TV, 야근, 회식은 '과잉행동'에 해당한다. 이것은 사실 좀 더 삼가야 하는데 하게 되는 행동이다.

쉽게 말하면 '~하고 싶다'고 생각하는 것이 부족행동이고, '~하고 싶지만'이라는 말 뒤에 이어지는 것이 과잉행동이다. 여기서 기억해야 할 점은 '행동하지 못한다'며 고민하는 사람은 사실 '행동하지 못하는' 것이 아니라 '쓸데없는 행동을 하고' 있다는 사실이다.

행동과학 매니지먼트란 목표 달성에 필요한 '부족행동'을 늘리고, 목표 달성을 방해하는 '과잉행동'을 줄이는 양방향 제어를 위한 실천법이다. 따라서 지금까지 행동하지 못한 사람이라도 바로 행동하는 사람이 될 수 있다.

➔ 특징② 게임 요소를 더해 즐거운 시스템을 만든다

행동과학 매니지먼트에는 행동이 즐거워지는 환경이나 시스템을 만드는 아이디어로 가득하다. 그중 한 가지가 직접 만든 '포인트 카드'다(112쪽 참조).

예를 들어 비즈니스 통화를 생각해보자. 누군가에게 영업상 전화를 거는 것은 그리 즐겁지 않을 수도 있다. 그러나 업무다보니 어쩔 수 없이 매일 전화를 걸어야 하는 사람은 '하루에 정한 만큼 전화를 걸었다면 포인트 카드에 스티커 1장을 붙인다. 정한 것보다 많은 전화를 걸었다면 스티커 2장을 붙인다'는 규칙을 만들고 영업활동을 해보자.

"뭐야, 고작 포인트 카드로?"라며 이 방법에 의문을 갖는 사람도 있을지 모른다. 그런데 신기하게도 전화 업무가 편해진다. 왜냐하면 우리 인간에게는 '포인트가 쌓이는' 것이 작은 상이

되어, 그 행동이 하고 싶어지는 습성이 있기 때문이다. 행동과학 매니지먼트에서는 이것을 '보수에 의한 행동강화'라고 부른다.

단 여기서 중요한 것이 하나 있는데, 그것은 '상대가 마지막까지 이야기를 들어주었는가?'나 '상대가 계약했는가?'와 같은 성과가 아니라 단순히 '전화를 거는' 행동에 주안점을 두고 그것을 했다면 포인트가 적립되는 규칙으로 정해야 한다는 점이다.

혹은 '작은 목표'의 설정도 행동이 즐거워지는 아이디어 중 하나다(58, 80쪽 참조). 예를 들어 영어회화 공부를 생각해보자. 'TOEIC 참고서를 매일 10쪽씩 공부한다'고 정했지만 전혀 공부할 마음이 생기지 않는 사람은 우선 '매일 2쪽 이상 공부한다'로 목표를 수정해보자.

만일 목표를 수정함으로써 '2쪽 정도라면 매일 할 수 있을 것 같다'면 그것으로 성공이다. 우선은 2쪽을 목표로 행동을 시작하고 '좀 더 할 수 있다'면 그때 비로소 분량을 늘린다. 왜냐하면 인간은 스스로 설정한 목표를 달성해감으로써 자기효능감(self-efficacy)이 높아지고 자발적으로 행동하고 싶은 습성이 있기 때문이다. 행동과학 매니지먼트에서는 이것을 '작은 목표의 유효 활용'이라고 말한다.

'해야 하는데……' '어렵지 않을까……' 하는 마음을 '하고 싶다!' '해낼 수 있다!'로 바꾸는 과학적인 방법

'하지 않으면 안 되는 행동'이나 '달성하기 어려울 것 같은 행동'과 '하고 싶은 행동'이나 '달성할 것 같은 행동' 중에서 우리는 과연 어느 쪽을 더 빨리 행동하고 싶을까? 그리고 어느 쪽의 행동에 가뿐하게 첫 걸음을 내딛을까? 당연히 후자일 것이다.

당신은 그것을 어렴풋이 알고 있으면서도 '하지 않으면 안 된다' '해내지 못할 것 같다'는 마음인 채로 행동하고 있지는 않을까?

그런데 직접 만든 포인트 카드나 작은 목표 설정처럼 행동 과학 매니지먼트의 요령이나 시스템을 도입함으로써 '하지 않으면 안 되는 행동' '달성하기 어려워 보이는 행동'을 간단히 '하고 싶은 행동' '달성할 것 같은 행동'으로 바꿀 수 있다. 또한 가족이나 친구, 직장 동료에게 목표를 선언하고 행동을 응원해 주는 든든한 후원자로 만드는 것도 효과적인 방법이다. 후원자가 행동을 체크해줌으로써 격려를 받으며 행동을 계속 해나갈 수 있다.

결국 행동과학 매니지먼트라는 것은 <u>스스로 행동하게 만드는 환경이나 시스템을 손쉽게 만드는 방법</u>이다. 인간의 의지에 기대지 않는 방법이라고 했지만 '하고 싶다!' '해낼 것 같다!'는 인간의 감정을 무시하는 것은 아니다. 어떠한 때라도 늘 좋은 성과를 발휘할 수 있도록 자신이 주변을 정리하거나 나름의 규칙을 만든다. 이런 사고가 미니멀 비즈니스를 실천하고 심플하게 일할 수 있게 해준다.

바로 실천하는 사람이 되어
자신의 꿈이나 생각을 실현시키자!

1장부터 4장까지는 행동과학 매니지먼트로 미니멀 비즈니스를 실천하는 법에 대해 설명할 예정인데, 지금 당장 사용할 수 있는 실천법을 중심으로 소개한다. 자신의 현재 상황에 비춰보고 '이거라면 할 수 있을 것 같다' '꼭 도전해보고 싶다'라고 생각되는 방법을 실천해보자. 실천하는 동안에 몸이 저절로 움직이는 경험을 하게 될 것이다.

5장에서는 회사 업무나 개인 생활의 여러 다양한 주제에 관해 '미니멀 비즈니스와 미니멀 라이프를 실천하는 사람'이 된 성공사례를 소개한다. 당신에게 좋은 본보기가 되기를 바란다.

6장에서는 '행동정착 시트'를 만들어 목표를 스스로 설정하고 계획대로 행동하는지를 확인할 수 있도록 했다. 지금껏 연수나 세미나를 개최하면서 참가자들에게 '행동정착 시트'를 사용하도록 지도해 여러 가지 행동을 습관화하는 데 도움을 주었다. 행동을 습관화하고 목표 달성을 위해서 효과적으로 활용할 수 있을 것이다.

이 책에서는 주로 직장인을 예로 소개할 예정이지만, 여기서 말하는 '업무'를 주부라면 '가사·육아'로, 학생이라면 '공부'로 대체해 읽어나가길 바란다.

이 책을 통해서 내가 여러분에게 전하고 싶은 메시지는 다음과 같다.

'자신이 정말로 하고 싶은 일을 하자. 그것을 위해서는 시간을 만들어내야 하는데, 미니멀 비즈니스 실천법으로 심플하고 여유롭게 일하는 사람이 되자.'

자신의 시간을 만들고 '하고 싶다' '갔으면 좋겠다' '할 수 있으면 좋겠다'라는 그저 바람에 멈춰 있는 꿈이나 생각을 지금부터 실현해나가자.

이 책을 읽고 여러 다양한 요령을 생활 속에서 실천한 사람들로부터 다음과 같은 의견을 들을 수 있다면 저자로서 그보다 기쁜 일은 없겠다.

- 고민하는 시간이 줄었다.
- 나중으로 미루는 버릇이 없어졌다.
- 감정에 휘둘리는 일이 없어졌다.
- 자신이 해야 할 행동에 집중할 수 있게 되었다.
- 지금까지 짜증스럽게 했던 일을 즐겁게 하게 되었다.
- 다음 행동으로 수월하게 옮겨갈 수 있게 되었다.
- 업무든 개인 생활이든 전보다 현저히 성과가 나오게 되었다.

미니멀 비즈니스로
일하고 싶은
환경 만들기

주변과 머릿속을
말끔하게 정리하자

책상 위 상태가 머릿속 상태다.

주변을 정리하면

업무의 질이 달라진다.

책상 주변에 자신의 업무를
방해하는 것은 없는가?

책상 위에는 여러 가지 자료나 메모, 신문, 잡지, 휴대전화가 어지럽게 놓여 있다. 당신은 기획서를 정리하면서 '○○ 씨에게 메일로 회신해야 하는데!' '경비 정산은 아직이군' '이 잡지의 기사, 재미있다' '오늘 회식할 식당을 찾아보자' 등의 쓸데없는 생각들을 하게 된다. 집중력이 끊길 때마다 메일로 회신해야 하는 일이 생각나 메일을 쓰기 시작한다. 결국 기획서 작성은 도중에 멈춰 전혀 진행되지 않는다.

1장에서 소개하는 것은 주변 환경을 만드는 기술이다.

자신의 주변 환경을 만드는 일은 미니멀 비즈니스를 실천하기 위한 첫 단계로, 기본 중 가장 핵심이 되는 단계다. 그러나 여러분 중 어떤 사람들은 환경 만들기가 요컨대 정리정돈이라고 생각한다면 '업무와 정리정돈이 대체 무슨 관계가 있는 거지?'라며 의문을 가질 것이다. 그런데 뜻밖에 매우 깊은 관계가 있다.

왜냐하면 주변 환경이 곧 당신의 머릿속 상태기 때문이다. 여기서 '정리정돈'은 매우 중요한 키워드다. 업무를 방해하는 물건이 전혀 없는 것이 이상적인 환경이기 때문이다.

책상 주변을 정리하고
업무에 집중할 수 있는 환경을 만든다

당신의 책상 위는 지금 어떤 상태일까?

책상 위에 책이 쌓여 있고 필요한 서류를 쉽게 찾을 수 없거나 지금 당장 사용하지 않는 서류나 파일, 펜이나 명함으로 그득하지 않은가?

잡다한 환경에서는 당신이 본래 해야 할 중요한 업무에 집중할 수 없다. 실제로 내가 행동과학 매니지먼트 강사로서 지도할 때에 참가자에게 가장 먼저 주문하는 일은 주변 환경 만들기다.

'책상 주변을 정리하는 것만으로 다음 주의 영업 성적이 향상되었다'는 영업자도 여럿 있을 만큼 주변 환경이 정리되기만 해도 업무의 질이 달라지는 것이다.

책상 주변, 가방 속 소지품, 컴퓨터의 데이터나 메일 등 직장인이 돌아봐야 할 주변 환경은 너무도 많다. 또한 가정 내에서도 거실이나 침실, 부엌의 싱크대, 옷을 보관하는 서랍 속도 다시 돌아봐야 할 곳이다.

그렇다면 이런 장소를 어떻게 정리정돈하는 것이 좋을까? 구체적으로 하나하나 소개해보겠다.

01 ┃ 지금 필요한 물건 외에는
꺼내놓지 않는 것이 최고의 책상 환경

정리정돈은 미니멀 비즈니스의 기본 중 기본! 혹시 당신 책상 위에 많은 물건들이 수북이 쌓여 있지 않나요?

당신의 책상 위는 어떤 상태일까? 자료가 산더미처럼 쌓여 있거나 사용하지 않는 볼펜, 다 마신 테이크아웃 커피잔, 날짜 지난 신문 등 지금 필요 없는 것들이 너저분하게 놓여 있지는 않을까?

그것들은 하나같이 당신의 집중을 방해하는 요소다. 예를 들어 지금 하는 일과 무관한 물건이 나와 있다면 '아, 맞다! 이번 주 안에 이 안건도 마무리 지어야 하지'라며 다른 일 생각으로 집중력이 떨어진다.

미니멀 비즈니스를 실천하기 위해서는 지금 하는 일과 관계없는 물건은 책상 위에 꺼내놓지 않는 것이 최고다. 책상 위에 놓여 있는 물건을 하나씩 집어 정말로 그곳에 둘 필요가 있는지 체크해보자.

'지금 이게 필요한가?' 라고 체크해보자.
책상 위 물건이 줄어든다!

CHECK 당신의 현재 상황은?
☐ 책상 위에 쓸데없는 물건은 없다.
☐ 책상 위에 쓸데없는 물건이 있다.

ADVICE 책상 위가 얼마나 정리되어 있는지는 당신의 머릿속이 얼마나 정리되어 있는지를 보여준다. 지금 여기에 집중할 수 있는 환경을 만들자!

02 | 제자리에 두는 것이 규칙, 물건의 자기 위치를 정한다

책상 정리정돈에 있어 중요한 것은 각각의 위치가 정해져 있어야 한다는 점이에요. 당신 책상의 물건들은 위치가 정해져 있나요?

'어, 스테이플러가 어디 있더라?' 일일이 필요한 물품을 찾는다면 일이 좀처럼 진척되지 않는다. 이런 고민을 단박에 해결하는 것이 물건을 정해진 자기 위치에 둔다는 규칙이다. '이 자료는 여기에 둔다, 펜은 반드시 여기에 놓는다'는 규칙을 누구나 한눈에 알아볼 수 있도록 그림이나 사진으로 나타내는 것이다.

방법은 간단하다. 먼저 자신이 어떤 식으로 물건을 사용하는지 생각하면서 책상 위와 서랍 속에 비품을 정리한다. 그리고 '깨끗해졌다' '사용하기 편해졌다'고 느낀 상태를 카메라로 촬영해 출력한다. 항상 사진 상태처럼 되도록 비품을 자기 위치에 놓으면 말끔한 상태를 유지할 수 있다.

물건을 정해진 위치에 두는 규칙을
활용하면 물건을 찾을 필요도 없고
정리정돈에 어려움을 겪지 않는다!

CHECK 당신의 현재 상황은?
☐ 물건의 자기 위치가 정해져 있다.
☐ 물건의 자기 위치가 정해져 있지 않다.

ADVICE 책상을 정리했다면 다른 동료에게 보여주고 깔끔한지를 객관적으로 평가받는다. 정리정돈이 서툰 사람에게 특히 권하는 방법이다.

03 ┃ 종이 자료는 클리어파일과 색 구분으로 시각화해 정리하자

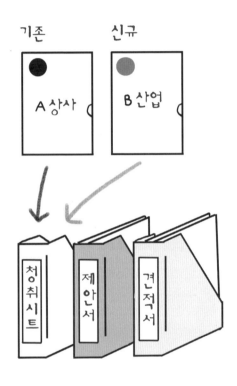

서류장을 정리정돈하는데 큰 부담이 되는 종이 자료는 색으로 구별해 한눈에 알아보기 쉽도록 분류하세요.

서류장 속의 자료를 정리할 때는 파일박스와 클리어파일을 사용한다. 먼저 자신이 가지고 있는 자료의 종류를 크게 나눠보자. 예를 들어 영업 관련 업무를 하는 경우라면 고객의 요구사항을 자세히 기록할 수 있는 고객 카드, 제안서, 견적서 정도로 구분할 수 있다.

그 경우에 먼저 색이 다른 파일박스를 3개 준비한다. 각각의 서류박스에 넣을 서류를 회사명으로 분류하고 싶다면, 투명 클리어파일에 회사명을 적은 라벨을 붙이고 정리한다.

각각의 클리어파일에 표식이 되는 스티커를 붙이는 것도 좋다. 기존 고객은 빨간색 스티커, 신규 고객은 파란색 스티커……. 이런 식으로 규칙을 정하고 붙이면 필요할 때 쉽게 구별할 수 있다.

색으로 구분한 서류 정리법으로 필요한
것을 찾는 데 시간 낭비를 크게 줄였다!

CHECK **당신의 현재 상황은?**
☐ 자료가 정리되어 있다.
☐ 자료가 정리되어 있지 않다.

ADVICE 종이 자료는 정리해도 점차 늘어만 간다. 서류장은 옷 서랍장과 같아서 더 이상 들어갈 곳이 없는 시점에서 불필요한 서류를 처분한다.

04 ┃ 파일링할지 처분할지 고민이라면 임시 보관 상자에 넣자

보관할까? 버릴까? 늘 고민하는데, 이런 경우에 도움이 되는 방법을 소개합니다.

필요한 자료는 파일링하고 불필요한 것은 바로 처분한다. 그런데 '잠시 가지고 있어 볼까?' 하고 망설여지는 자료도 있게 마련이다. 그런 자료를 어디에 둘지 정해두지 않는다면 책상 위는 순식간에 서류 더미로 뒤덮이고 만다.

이때 권하는 방법은 '임시 보관 상자'를 만드는 것이다. 파일링할지 처분할지, 즉각적으로 판단하지 못할 때는 책상 아래에 마련해둔 '임시 보관 상자'에 넣어두자. 그리고 월요일 아침에 출근하면 10분이라는 시간을 그 상자 속에 담긴 자료를 처리하는 데 사용한다는 규칙을 정한다. 상자에 담긴 자료를 한 차례 다시 한 번 정리하는 것인데, 일주일이 지난 뒤에 보면 특별히 필요성이 느껴지지 않는 자료도 있기 때문에 그때 처분해도 늦지 않는다.

당장 결정할 수 없다면 '임시 보관 상자'에 넣어둔다. 일이 빠르게 진행된다!

CHECK 당신의 현재 상황은?
☐ '버린다, 버리지 않는다'를 즉각적으로 결정할 수 있다.
☐ '버린다, 버리지 않는다'를 결정할 수 없다.

ADVICE '임시 보관 상자'는 책상 아래 보이지 않는 곳에 둔다. 상자에 담긴 자료를 정리할 때 계속 신경 쓰이는 것은 서류철하거나 스캔해두는 것이 좋다.

가방 속 소지품 중에서
'혹시 사용할지도 모르는' 것은 꺼내자

'어쩌면 사용할지도 몰라.' 이런 불안과 걱정으로 가방 속이 필요 이상의 물건으로 가득하지 않나요?

출퇴근 가방을 온갖 물건으로 가득 채우는 사람이 있다. 가방 속은 책상처럼 당신의 머릿속 상태를 표현한다. 이번 기회에 말끔히 정리해보자. 먼저 가방 속 물건들을 모두 꺼낸다. 지금 당신에게 정말로 필요한 물건은 무엇인가? 다이어리, 필기도구, 손수건, 스마트폰, 지갑, 교통카드 등……몇 가지 물건으로 충분할 것이다.

이제 필요한 물건만을 가방 속에 다시 담는다. 이때 '물건은 정해진 자기 위치에 둔다'(36쪽 참조)는 규칙을 사용한다. 교통카드처럼 자주 꺼내야 하는 것은 가방 안쪽의 작은 주머니에……. 이렇게 '이것은 여기에 수납한다'는 규칙을 만드는 것이다. 그러면 필요한 물건이 있을 때마다 즉각적으로 꺼낼 수 있고 깜빡하고 물건을 잊는 일도 미연에 방지할 수 있다.

가방 속도 '물건은 정해진 자기 위치에 둔다'는 규칙으로 정리하면 머릿속까지 말끔히 정리된다!

CHECK 당신의 현재 상황은?
☐ 가방 속이 정리되어 있다.
☐ 가방 속이 너저분하다.

ADVICE '그래도 갖고 다닌다'는 사람은 필요한 최소한의 물건이 들어가는 작은 가방으로 바꾸면 좋다. 사용하지 않는 문구류까지 가지고 다니는 사람은 필통을 작은 것으로 바꾸자.

06 ┃ 스마트폰 어플리케이션을 정리하고 무의식적으로 하는 행동을 막자

우리와 친근한 스마트폰을 사용하는 데도 환경 정리의 큰 열쇠가 담겨 있어요.

무의식적으로 하는 쓸데없는 행동(~하면서 하는 행동)은 '실천하는 사람'으로 변모하는 데 있어 큰 걸림돌이다. 무의식중에 '~하면서 하는 행동' 중에서 단연 으뜸으로 꼽히는 것은 출퇴근이나 이동하는 중의 자투리 시간에 하는 스마트폰의 SNS나 게임이다. 무심코 열중하다보니 본래 하려고 계획했던 자료 읽기를 하지 못한 경험도 있을 것이다.

스마트폰으로 하는 SNS나 게임의 유혹을 끊고 싶다면 아예 스마트폰에서 어플리케이션을 삭제해버리자. 그러면 당신의 '~하면서 하는 행동'은 곧 사라질 것이다. 그것이 무리라면 어플리케이션의 아이콘을 가능한 한 뒤쪽 페이지로 이동시키자. 어플리케이션을 여는 것이 번거로우면 아무래도 '~하면서 하는 행동'은 저절로 줄어든다.

**업무와 무관한 SNS나 게임의 유혹을 끊고
스스로 자신의 시간을 컨트롤한다!**

CHECK 당신의 현재 상황은?
☐ 자투리 시간에 스마트폰을 볼 때 주의한다.
☐ 자투리 시간에 스마트폰을 보는 게 버릇이다.

ADVICE 업무에 도움이 되는 뉴스 어플리케이션을 메인화면에 두면, 지금까지 하던 SNS나 게임으로 보내던 시간을 뉴스를 보는 데 쓸 수 있다.

07 | T자로 3분할한 노트에 정보를 정리하고 메모한다

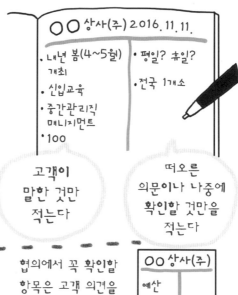

노트에 T를 쓰고 지면을 3분할한다

○○ 상사(주) 2016. 11. 11.

• 내년 봄(4~5월)
  개최
• 신입교육
• 중간관리직
  매니지먼트
• 100

• 평일? 휴일?
• 전국 1개소

고객이
말한 것만
적는다

떠오른
의문이나 나중에
확인할 것만을
적는다

협의에서 꼭 확인할
항목은 고객 의견을
적는 곳에 미리
기록해둔다

○○ 상사(주)

예산
개최일
과제

직장인에게 노트나 수첩의 내용도 '환경'의 일부예요. 여기서는 쉽게 정보를 정리하기 위한 메모의 기술을 소개합니다.

메모할 때는 그저 문자를 나열하는 것이 아니라 자신이 사용하기 편한 프레임을 만든 뒤에 기록하는 것이 좋다. 그런 의미에서 무지노트보다 방안노트를 권한다.

여기서는 영업직인 사람에게 추천하는 메모의 기술을 소개한다.

먼저 노트에 'T'자를 큼지막하게 쓰고 공간을 3분할한다. 가장 위에는 고객의 이름과 날짜를 기록한다. 왼쪽 부분에는 고객이 한 말을 기록한다. 오른쪽 부분에는 협의 도중에 생긴 의문점이나 불현듯 떠오른 생각들, 그리고 협의가 끝나고 나서 조사할 것을 덧붙여 적는다. 포인트는 '고객의 말'과 '자신이 생각한 것'을 뒤섞지 않는 것이다.

자신이 사용하기 편한 프레임을 만들어
노트에 메모하면 정보는 저절로 정리된다!

CHECK 당신의 현재 상황은?
□ 메모하는 방법에 규칙이 있다.
□ 메모하는 방법이 정해져 있지 않다.

ADVICE 고객에게 반드시 확인해야 하는 사항(예산, 개최일, 과제 등)이 있다면 사전에 '예산/개최일/과제'의 항목을 만들어두면 빠뜨리지 않는다.

08 | 포스트잇을 사용해 현재 업무에 중요한 명함을 선별하자

명함 클리어파일

중요 빨간색 포스트잇

그 외 파란색 포스트잇

2주마다 정리한다

빨간색 명함파일   파란색 명함파일

명함은 귀중한 정보원이지만 어느 사이엔가 쌓이지요. 색깔로 구분하는 명함 관리법으로 업무 효율을 현저히 높일 수 있어요.

한마디로 명함이라고 해도 '같은 업계 모임에서 그저 명함만 교환한 사람'부터 '새로운 고객이 되어줄 것 같은 사람'에 이르기까지 중요도는 천차만별이다. 특히 명함 교환이 잦은 직종의 경우에는 그나마 기억이 또렷한 동안에 간단히 명함을 정리하는 것이 중요하다. 여기서는 추천할 만한 명함정리법을 소개한다.

먼저 명함용 클리어파일을 3개 준비한다. 그리고 중요한 명함은 빨간색 포스트잇, 그 다음은 파란색 포스트잇을 붙여 일단 하나의 클리어파일에 꽂아 넣는다. 그리고 2주에 한 번 빨간색 포스트잇이 붙여진 명함만 따로 하나의 명함 클리어파일에 정리하고, 파란색 포스트잇이 붙여진 명함을 다른 클리어파일에 정리한다. 이렇게 3개의 파일로 명함을 관리하면 업무에 필요한 중요한 명함을 선별해 정리할 수 있다.

**업무와 관련된 명함을 선별하면 중요한
정보만을 압축적으로 정리할 수 있다!**

CHECK 당신의 현재 상황은?
☐ 명함을 정리하는 시스템이 있다.
☐ 명함을 정리하는 시스템이 없다.

ADVICE 최근 법인을 위한 클라우드 명함 관리 서비스도 나왔다. 효율적으로 많은 명함을 관리하고 싶다면 이 서비스를 이용하는 것도 방법이다.

09 ▎ PC 데이터의 이름에도
규칙을 정하자

매일 워드나 엑셀 등을 사용해 일하다 보면 작성한 데이터가 쌓이게 마련이 지요.

파일명을 기재할 때 나름의 규칙이 정해져 있을까?

나의 경우에는 '[제안서] (주)멘토르상사 20170210 Ver. 1'처럼 '서류 종류/고객명/날짜/Ver. ○'이라는 공통 규칙으로 모든 데이터의 이름을 붙인다. 이 네 가지 요건을 표기하면 어디에 파일을 저장했는지 잊어도 컴퓨터 검색 기능을 이용해 손쉽게 찾을 수 있다.

또한 같은 날에 수정한 서류라도 덮어쓰기로 정리하기보다는 'Ver. 2'를 신규 파일로 보관한다. 그리고 최종판은 'Ver. ○' 대신에 '최종판'으로 기재하고, 지금까지의 서류를 '[제안서] (주)멘토르상사 old'라는 이름의 폴더를 만들어 한꺼번에 정리한다.

기재의 규칙을 정해두면 데이터를 즉시 찾을 수 있다!

CHECK 당신의 현재 상황은?
☐ 컴퓨터의 데이터가 정리되어 있다.
☐ 컴퓨터의 데이터가 정리되어 있지 않다.

ADVICE 여러 데이터는 바탕화면이 아니라 내 문서 라이브러리에 폴더를 만들어 보관하자. 그러면 바탕화면이 매우 깔끔해진다.

10 ┃ 부탁받은 일을 포스트잇으로 시각화하면 놓치지 않는다

바쁜 가운데 부탁받은 일을 잊지 않고 실행하거나 일정에 넣기 위해서는 메모한 포스트잇을 사용하면 효과 만점이에요.

기억하도록 포스트잇에 메모한다. 지금은 누구나 실행하고 있는 방법인데 이것을 하나의 규칙으로 철저히 실행하면 좋다.

예를 들어 '김 과장에게 오늘 중 전화한다' '내일 오후 3시까지 제안서를 부장님께 제출한다' 등등 잊어서는 안 되는 일을 포스트잇에 적는다. 처리할 업무를 포스트잇에 적었다면 A4 용지를 1장 준비하고 그 위에 붙인다. 그리고 실행해 업무가 '완료된 포스트잇에는 빨간색 펜으로 크게 ○표시를 한다'는 규칙을 정하고, 하루 업무를 마칠 무렵에 떼어버린다.

'내일로 미룬 업무의 포스트잇은 버리지 말고 남긴다'는 규칙을 정하고 책상 위에 붙여두었다가 다음날 아침 TO DO 리스트를 만들 때 반영한다.

끝내면 버린다, 끝내지 못했다면 버리지 말고 남긴다! 그렇게 하면 깜빡 잊고 업무를 놓치는 경우를 확실히 방지할 수 있다.

CHECK 당신의 현재 상황은?
　□ 부탁받은 일은 철저히 실행하고 있다.
　□ 부탁받은 일을 깜빡 잊을 때가 많다.

ADVICE 일을 부탁할 때 포스트잇에 적어 건네면 깜박하고 놓치는 것을 방지할 수 있다. '잘 부탁합니다' '협조해주셔서 감사합니다' 같은 한 마디를 덧붙이는 것도 잊지 말자.

11 │ 머리맡에 내일 입을 의상을 준비해두면
행동하는 아침 환경이 만들어진다

아침에 일어나서 집을 나설 때까지 시간
이 꽤 걸린다면 어떤 식으로 시간을 보내
는지 돌아보는 것이 좋아요. 단 아침 시
간이 아닌 '전날 밤'을 돌아봐야 해요.

아침마다 출근 준비에 시간이 꽤 걸려서 자주 지각한다. 그런 사람은 이 방법을 권한다. 이유는 두 가지다. 한 가지는 아침에는 이럴까 저럴까 망설일 시간적 여유가 없기 때문이다. 사실 옷을 갈아입는 데 걸리는 시간은 그리 길지 않다. 어떤 옷을 어떻게 입을지 고민하는 데 시간이 걸리는 것이다.

다른 한 가지는, 쓸데없는 행동에 일일이 신경 쓰지 않아도 되기 때문이다. 잠에서 깨어 옷장으로 가는 동안에 TV를 멍하니 보거나 신문을 읽으면서 잠에 취한 상태로 하염없이 시간을 보내고 있지는 않을까? 옷이나 가방을 챙겨서 미리 머리맡에 두면 어쨌든 잠이 덜 깬 상태에서도 옷을 갈아입는 행동으로 옮겨 갈 수 있다.

이런 식으로 자신이 자연스럽고 손쉽게 움직이는 환경을 만드는 것이 중요하다.

옷을 고르는 데 주저하거나 다른 일에
마음이 빼앗기는 시간을 단호히 잘라내어
바쁜 아침 시간에 신속하게 행동하자!

CHECK 당신의 현재 상황은?
☐ 내일 출근할 준비를 하고 나서 잠자리에 든다.
☐ 내일 출근할 준비를 하지 않고 잠자리에 든다.

ADVICE '야간 조깅을 위해 운동복을 준비해둔다' '귀가한 뒤에 곧장 저녁식사를 준비할 수 있도록 조리기구를 미리 준비해두고 장보러 간다' 등 여러 상황에서 응용할 수 있다.

12 공부도 독서도 트레이닝도 장소를 정해두고 분발하자

'이 행동은 이곳에서 한다'고 정해놓은 규칙이 있나요? 행동을 바꿀 때는 환경도 바꾸는 게 자신을 움직이는 중요한 기술이에요.

자격시험 공부도, 취미인 독서도, 늘 같은 책상에서 하지 않는가? 우리 인간은 자신이 시간을 보내는 환경에 큰 영향을 받는다. 그 때문에 행동의 내용을 바꾸는 동시에 장소도 바꿔주면 기분도 새로워져 행동에 좀 더 쉽게 집중할 수 있다.

영어 공부는 회사 근처 카페에서, 독서는 집 거실에서, 근육 단련은 자신의 방에서……. 이런 식으로 일단 정해보자. 그리고 각각의 장소에서 각각의 행동을 해본다. 안정된 마음으로 행동할 수 있다면 그 장소에서 그 행동을 계속 이어간다.

긴장을 풀고 독서할 수 있도록 관엽식물로 장식한다, 근육 단련에 힘 쏟기 위해 멋진 체형의 모델 포스터를 붙인다……등등, 즐겁게 계속 행동할 수 있는 환경을 만들면 의욕을 더욱 불러일으킬 수 있다.

각각의 행동에 어울리는 환경을 선택함으로써 기분에 변화를 주어 집중할 수 있다!

CHECK 당신의 현재 상황은?
☐ 행동에 따라 장소를 바꾼다.
☐ 행동에 따라 장소를 바꾸지 않는다.

ADVICE 환경을 정리한다는 것만큼 환경을 바꾼다는 발상도 중요하다. 그 카페에 가면 자연히 영어 책을 펼치게 되는, 그런 식으로 행동과 장소를 연결 지을 수 있다면 최고다!

작은 목표small goal

인간은 '행동하자!'라고 결심할 때는 무슨 일이든 다 이룰 수 있을 듯이 의기양양하다. 그런 까닭에 지금까지 운동부족이던 사람이 '내일부터 매일 10킬로미터를 달린다!'며 큰 목표를 세우기 십상이다. 그 결과로는 '역시나 힘들겠지'라며 애당초 시작도 못하거나 '해봤는데 너무 힘들었다'며 곧바로 좌절하고 만다.

'내일부터 매일 10킬로미터를 달린다!'는 큰 목표가 아니라 '내일부터 1주일에 2번 300미터를 산책한다'는 작은 목표가 바람직하다. 특히 초기 단계에서는 '해낼 것 같다, 해보고 싶다'라고 생각되는 작은 목표를 세운다.

그 작은 목표를 달성했다면 조금 수준을 높인 작은 목표를 다시 설정한다. 그것을 반복하는 가운데 최종적으로 '내일부터 매일 10킬로미터를 달린다'는 큰 목표를 향해 분발할 수 있다.

2장

미니멀 비즈니스를
방해하는
나쁜 습관
버리기

의욕은 있지만
몸이 움직이지 않는다

의욕은 있는데 좀처럼

몸이 움직이지 않는다.

당신의 실천력을 방해하는 것은

무엇일까?

실천하지 못하는 습관을 버리려면 '부족행동'과 '과잉행동'을 파악하자

미루는 버릇, 중단하는 버릇, 끝마치지 않는 버릇…… 왜 우리는 행동하려는 마음이 있어도 미적거리며 시작하지 못하거나 꾸준히 이어가지 못하는 것일까?

그것을 해결하는 열쇠는 '부족행동'과 '과잉행동'을 파악하는 것이다. '부족행동'이란 늘리고 싶지만 늘지 않는 행동으로, 간단히 말해 목표 달성에 필요한 행동을 말한다. 한편 '과잉행동'이란 줄이고 싶지만 줄지 않는 행동으로, 간단히 말해 목표 달성을 방해하는 행동을 말한다.

영어 공부를 하고 싶지만 TV 예능 프로를 보는 사람의 경우에 영어 공부가 부족행동, 예능 프로의 시청이 과잉행동에 해당한다. 이때 의지만으로 'TV를 봐서는 안 된다. 영어 공부를 하자'라고 노력하는 것은 매우 어려운 일이다. 왜 그럴까?

그것은 과잉행동에는 '즐겁다' '간단하다'는 특징이 있기 때문이다. 귀가한 뒤에 TV 시청, 통근 중 스마트폰 하기, 다이어트 중 초콜릿은, 그만두어야 한다는 사실을 머리로는 충분히 알지만 그만둘 수 없는 즐거움이라는 강한 유혹이 도사리고 있다. 따라서 당신의 부족행동은 과잉행동에 아주 쉽게 방해를 받는다.

결국 행동할 수 없는 것이 아니라 다른 행동을 해버리는 것이다. 그렇다면 어떻게 하면 좋을까?

목표 달성에 필요한 '부족행동'은 하고, 방해하는 '과잉행동'은 하지 않는다

'부족행동 = 목표 달성에 필요한 행동'을 손쉽게 할 수 있는 환경이나 시스템을 만든다. 꽤 어려운 일처럼 들리지만, 사실 의외로 간단하다. 스스로 '할 수 있을 것 같다, 하고 싶다'고 느낄 수 있으면 되는 것이다. 예를 들어 책상 위에 참고서와 펜을 놓아두면, 집에 돌아온 뒤에 바로 공부를 시작할 수 있다.

'과잉행동 = 목표 달성에 방해가 되는 행동'을 하기 어려운 환경이나 시스템을 만든다. 이것은 반대로, 자신이 '쉽게 할 수 없다, 하기 싫다'고 느끼는 것이 포인트다. 예를 들어 TV를 무의식적으로 켜는 것을 그만두고 싶다면 TV 콘센트를 아예 뽑아놓는다. TV를 켤 때마다 콘센트를 꽂아야 한다는 귀찮음 때문에 TV를 켜지 않게 될 가능성이 높아진다.

일찍 일어나기, 다이어트, 운동 같은 일상생활에서 실천해야 하는 일들을 어떻게 바르게 컨트롤할 수 있을지 생각해보자.

13 | 무슨 일이든 반드시 숫자로 설정하자

열심히 살을 뺀다, 반드시 빼자……
라는 것은 목표가 아니에요. 숫자를
넣을 때 비로소 목표가 완성되죠.

어떤 행동을 하든 숫자를 잊지 말자. 실천하는 요령으로 특히 강조되는 부분이다. '반드시 살을 빼자'는 말은 언뜻 듣기에 목표인 것처럼 보인다. 하지만 행동과학 매니지먼트에서는 목표로 간주하지 않는다. 왜냐하면 달성에 성공했는지 실패했는지를 계측할 수 없기 때문이다. 어디까지 해야 목표를 달성한 것인지를 결정하지 않으면 어떤 식으로 행동하면 좋을지 알 수 없다. 결국 목표가 애매하면 사람은 행동하기 어렵다.

그러나 '반드시 살을 뺀다'라는 바람에 숫자를 덧붙여 '○월 ○일까지 반드시 ○킬로그램을 뺀다'라는 것으로 바꾸면 목표 달성 여부를 간단히 판단할 수 있다.

따라서 일상의 어떤 행동이든 숫자로 설정한다고 의식하면 주저 없이 실천하는 사람이 된다.

**숫자로 설정하고 목표를 명확히 하면
무슨 일을 하면 좋은지를 이해하고
행동하게 된다!**

CHECK　　당신의 현재 상황은?
☐ 숫자로 설정하고 있다.
☐ 숫자로 설정하지 않는다.

ADVICE　　기한을 정해 행동을 촉진하는 것을 '마감효과'라고 한다. 기한까지 완료하고 홀가분함을 충분히 만끽하자. 그러면 다음 일도 기한까지 끝내고 싶어진다.

14 집중하려면 손이 닿는 곳에 '유혹하는' 물건을 두지 마라

일하는 책상 위에 스마트폰, 공부하는 책상 위에 만화책…… 당신의 실천을 방해하는 물건이 가까이 놓여 있지는 않은가요?

앞에서 목표 달성을 방해하는 행동, 즉 '과잉행동'에 대해 이야기했는데 이것은 당신을 유혹하는 과잉행동을 억제하는 방법이다.

당신 주위에 '무심코……' 놓여 있는 물건은 없는가? 자료 작성이 전혀 진척되지 않는 와중에 무심코 스마트폰으로 손을 뻗는다. 공부할 마음이 생기지 않아 무심코 만화책을 집어 든다. 조깅할 의욕이 없어 무심코 TV 리모컨을 집어 든다. 이렇게 '유혹하는' 물건이 당신의 행동을 방해한다.

스마트폰은 가방에 넣고, 만화책은 서랍 안에 집어넣고, TV 리모컨도 서랍장에 넣는 게 한 방법이다. '무심코……' 하지 않도록 만들면 된다.

간단히 '무심코……' 하지 않는 방법을
마련함으로써 본래 해야 하는 행동에
집중할 수 있다!

CHECK   당신의 현재 상황은?

☐ 유혹하는 물건이 가까이에 없다.
☐ 유혹하는 물건이 가까이에 있다.

ADVICE   일을 시작할 때까지 시간이 상당히 걸려 고민하는 사람은 이 방법을 활용해보자. 일을 시작할 때까지 무엇을 하는지, 과잉 행동을 억제하기 위한 방법을 생각해보자.

15 | 무심코 하는 행동은 강제 종료하자

자동 전원 꺼짐

TV한테 잔소리를 들은 기분이네

TV는 이제 그만 안녕히 주무세요

하하하

무심코 하지만 좀처럼 그만둘 수 없는 행동이 있어요. 그것을 확실히 멈추는 방법은 '강제 종료'입니다.

바쁜 아침 시간에 TV를 하염없이 보게 된다. 그런 무심코 하는 행동에 고민하는 사람이 의외로 많다. 그렇다고 갑자기 'TV를 보지 않는다'는 목표는 난이도가 너무 높다. 이럴 때는 외부의 힘을 빌려 강제로 끝내자.

예를 들어 TV에는 '오프 타이머 기능'이 갖춰져 있어 리모컨 조작 하나로 '몇 분 뒤에 전원이 꺼지도록' 설정할 수 있다. 'TV는 1일 1시간만 본다'는 규칙을 정했다면 TV 전원을 켜는 동시에 리모컨으로 1시간 뒤에 저절로 전원이 꺼지도록 설정한다. 그러면 자신의 의지와 상관없이 TV를 끌 수 있다.

무심코 아무 생각 없이 인터넷 서핑을 하는 사람은 오프 타이머 기능을 잘 활용하면 무심코 이어가는 과잉행동을 막을 수 있다.

오프 타이머 기능을 활용해 강제 종료하면
의지와 상관없이 무심코 이어가는 행동을
줄일 수 있다!

CHECK 당신의 현재 상황은?
☐ 무심코 하는 행동이 적은 편이다.
☐ 무심코 하는 행동을 자주 하는 편이다.

ADVICE 집에 돌아와 곧장 TV를 켜는 습관을 없애고 싶다면 TV 콘센트를 빼놓은 뒤에 외출하자. 콘센트를 꽂는 것이 귀찮다면 점차 TV를 켜는 습관이 없어진다.

16 ┃ 내친 김에 하는 과잉행동은
환경을 조금 바꿔 막을 수 있다

초콜릿을 많이 먹는다, 캔커피를 자주
마신다, 이런 과잉행동은 의외로 간단
한 방법으로 예방할 수 있습니다.

업무 중 휴식 시간이나 귀갓길에 충동구매하는 과자. '과자만 먹지 않으면 이렇게 살찔 이유도 없는데'라고 고민하는 사람이 있다. 초콜릿이라는 유혹을 눈앞에 두고 '절대 안 먹을 거야!'라고 애쓰는 일은 쉽지 않다. 그렇다면 먹는다는 행동의 이전 단계, 결국 '과자를 사는' 행동에 주목하고 사지 않도록 한다.

과자를 사는 곳이 귀갓길 도중에 있는 편의점이라면, 편의점을 지나지 않는 코스로 귀가하면 되지 않을까? 편의점이 없으니 당연히 과자를 살 수 없다. 자판기 앞을 지나칠 때 캔커피를 사는 사람은 그 앞을 지나지 않으면 자연히 캔커피 사는 횟수를 줄일 수 있다.

'내친 김에 하는' 행동은 이전 단계의 환경을 바꿈으로써 줄일 수 있다.

CHECK 당신의 현재 상황은?
☐ '내친 김에 하는' 행동은 없다.
☐ '내친 김에 하는' 행동이 많다.

ADVICE 과잉행동을 줄이는 방법으로 소개했지만, 부족행동을 늘리는 방법으로 역이용할 수 있다. 예를 들어 독서량을 늘리고 싶다면 서점 앞을 지나는 코스로 귀가하자.

17 | 취침 30분 전에는 TV, 스마트폰, 컴퓨터를 보지 않는다

잠들기 직전까지 스마트폰이나 컴퓨터의 빛을 쬐면 숙면을 취하지 못하고 잠에서 깰 때도 개운하지 않아요. 당신은 괜찮은가요?

이 방법은 숙면을 취하지 못하는 사람, 잠자리에서 바로 일어나지 못하는 사람에게 특히 권한다. 숙면을 취하기 위해서는 몸과 마음에 긴장을 풀고 부교감신경이 우위에 설 필요가 있다. 그런데 TV, 스마트폰, 컴퓨터 화면에서 나오는 빛(블루라이트)은 교감신경을 자극한다.

잠들기 30분 전부터 이런 것을 아예 보지 않기 위한 방법이 있다. 예를 들어 당신이 잠자리에 드는 시간이 11시라고 한다면 30분 전에 알람을 맞춰놓고 알람이 울리면 모든 전원을 끈다.

특히 까다로운 것은 스마트폰이다. 머리맡에서 충전하면 잠들기 전까지 스마트폰을 보게 된다. 따라서 침상에서 가능한 한 먼 곳에서 충전하면 스마트폰을 손에서 내려놓는 시간이 빨라진다.

알람 설정이나 스마트폰의 충전 장소를 바꿈으로써 숙면을 취하고 기분 좋게 일어날 수 있다.

CHECK　당신의 현재 상황은?
□ 취침 30분 전부터 스마트폰은 보지 않는다.
□ 취침 직전까지 스마트폰을 본다.

ADVICE　취침 30분 전부터 릴렉스! 4장의 49 '오늘 좋았던 3가지 일을 떠올리고 좋은 기분으로 하루를 마친다'(148쪽 참조)와 함께 습관화하자.

18 행동했다면 칭찬스티커를,
행동하지 않았다면 벌칙스티커를

누구든 간단히 준비할 수 있는 칭찬 스티커와 벌칙스티커로 스스로를 격려 해주세요.

'자신에게 바람직한 행동을 한 경우에는 상을, 반대로 행동하지 않은 경우에는 벌칙을 준다. 그러면 사람은 자연히 바람직한 행동을 하게 된다.

상과 벌칙은 아무래도 좋은 작은 것이라도 괜찮다. 추천하는 방법은 문구점에서 파는 컬러풀한 스티커를 칭찬스티커와 벌칙스티커로 이용하는 것이다. 두 종류의 스티커를 준비해 예정대로 조깅한 날에는 캘린더나 수첩에 칭찬스티커를 붙이고, 조깅하지 못한 날에는 벌칙스티커를 붙인다. 물론 캘린더에 ○×를 적어 넣는 방법도 좋다.

방학숙제인 매일 줄넘기하기도 스탬프가 많아질수록 즐거워진다. 바로 그 느낌이다. 가벼운 마음으로 게임하듯 해보자.

칭찬받으면 기쁜 마음으로 다시 행동하게 된다.
그런 인간의 심리를 잘 활용해 자신을
행동하게 하자!

CHECK 당신의 현재 상황은?
☐ 상벌제도를 실행하고 있다.
☐ 상벌제도를 실행하지 않는다.

ADVICE 게임감각으로 자신에게 즐거움을 선물하는 것이 목적이다. 벌칙스티커를 붙임으로써 '나는 한심한 인간이다'라는 생각에 우울해진다면 칭찬스티커만 붙여도 좋다.

지나치게 완벽하기보다는
다소 느슨한 규칙을 설정하자

앗,
못 참아!

오늘부터
다이어트를 위해
디저트 금지!!

빠른
포기

3시
간식타임에
조금이라면
OK

'절대로 ~하지 않는다!'는 무리한 목
표를 세우고 자신을 힘들게 하지는
않나요? 규칙을 조금 느슨하게 설정
하는 것도 한 가지 요령이에요.

'살이 쪘으니 한 달간 맥주 금지'라고 결의했지만 3일 만에 마시고는 좌절한다. 그리고 자신과의 약속을 지키지 못한 약해 빠진 의지에 자기혐오를 느낀다. 일에서, 취미에서, 건강 만들기에서, 이런 비슷한 경험을 한 적이 있을 것이다.

그중에서도 술이나 초콜릿, 담배 같은 기호품은 생각처럼 간단히 끊을 수 없다. 좋아하는 것을 완벽하게 그만두는 일은 상당히 달성하기 어려운 목표이기에 지켜지지 못하는 경우가 흔하다.

따라서 '도저히 참지 못할 때는 한 잔 정도 마신다'는 다소 느슨한 규칙을 설정해 빠져나갈 길을 마련해두자. 도저히 참을 수 없어 마시는 것이기에 두 배로 즐겁고 그것이 오히려 좋은 결과로 이어지기도 한다.

'~할 때만은 OK' 라는 다소 느슨한 규칙을
설정하면 마음 편히 노력하게 되어 오히려
성공률이 높아진다.

CHECK 당신의 현재 상황은?
☐ 나름의 규칙을 설정하고 있다.
☐ 나름의 규칙을 설정하지 않았다.

ADVICE 일이 잘 안 될 때는 10분간 휴식한다, 일주일에 이틀은 요리하지 않고 외식한다 등등. '~할 때만은 OK' '굳이 ~하지 않는다'는 느슨한 규칙을 다양하게 활용한다.

20 ▎ 자신 없는 작업일수록
참고할 만한 본보기를 찾는다

서툰 작업인데 맨 처음부터 하려고 하지는 않나요? 서류작성이 서툴다면 비즈니스 문서양식을 활용하세요.

자신 없는 작업을 처음부터 혼자 하려면 몇 배의 시간과 노고가 소요된다. 이래서는 악순환에 빠질 뿐이다.

비즈니스 문서의 경우에 기획서, 견적서, 계약서 등등 다양한 서류가 있다. 이들 서류를 작성하는 데 익숙하지 않다면 먼저 기본 양식을 찾아보자. 사내에 없다면 인터넷을 검색하면 찾을 수 있다.

메일 내용도 마찬가지다. 감사 메일, 자주 듣는 질문에 대한 답변 등도 본보기가 되는 양식을 찾아놓는다. 잘 만들어진 양식을 찾아서 그것을 토대로 자신이 사용하기 쉽게 변형한다. 그러면 완성된 결과물의 질은 물론 작업효율도 비약적으로 향상한다.

본보기가 되는 양식을 가지고 변형해
질을 높인다. 양식을 활용함으로써
시간 낭비를 막을 수 있다!

CHECK **당신의 현재 상황은?**
□ 본보기가 되는 양식을 활용한다.
□ 무엇이든 처음부터 스스로 만든다.

ADVICE 메일 설정도 낭비 시간을 줄이는 요령 중 하나다. 서명 기능이나 라벨 기능 등을 이용한다.

21 ▎ 내키지 않을 때는 행동 수준을 낮춘다

오늘은 일단
사온 참고서를
꺼내놓기만
하자

피곤하거나 바쁘거나 내키지 않아 예정대로 행동할 수 없을 때에 권하는 방법이에요.

공부, 다이어트, 운동을 꾸준히 이어가려고 해도 지치거나 바쁘거나, 도저히 할 마음이 생기지 않는 날이 있는 법이다. 그런 경우에는 행동 수준을 낮춰보자. 예를 들어 영어회화 참고서를 10쪽 공부해야 하지만 도저히 공부할 마음이 생기지 않을 때는 참고서를 펼치기만 해도 좋다고 행동 수준을 낮춰보자.

참고서를 펼치고 '역시 더 이상은 못한다'는 생각이 들면 그날은 그것으로 끝이다. 그러나 '어쨌든 조금만 해보자'는 생각이 든다면 1쪽만 공부해본다. 그 결과 예정대로 10쪽을 공부하는 일도 자주 일어난다.

아무것도 안 하면 아무 일도 일어나지 않지만, '조금 해보는' 것으로 다음 행동으로 이어질 가능성이 생긴다.

움직이기 싫을 때도 간단한 행동부터 시작하면 의외로 마지막까지 가게 될 가능성이 있다!

CHECK   **당신의 현재 상황은?**
- ☐ 내키지 않을 때도 조금 해본다.
- ☐ 내키지 않을 때는 전혀 움직이지 않는다.

ADVICE   달리기 싫을 때는 운동복만 입어본다, 방 청소를 하기 싫을 때는 테이블 위만 닦아본다 등등 행동 수준을 현저히 낮춰보자. 어쩌면 몸이 저절로 움직일지도 모른다.

22 ┃ 자신의 행동을 사진이나 동영상으로 촬영하고 객관적으로 본다

자신은 자신이 가장 잘 알 것이라고 생각하지만 평소 자신의 행동을 객관적으로 살펴본 사람은 많지 않을 거예요.

현재 상황을 바르게 알면 비로소 올바른 개선책을 마련할 수 있다. 따라서 자신의 현재 상황을 바르게 아는 것이 중요하다. 그러기 위해 효과적으로 활용하는 것이 사진이나 동영상이다. 특히 추천하고 싶은 것은 동영상이다. 스마트폰의 동영상 촬영 기능을 활용해 자신의 모습을 담아보자.

예를 들어 조깅하는 사람은 달리는 자신의 모습을 비디오로 촬영해보자. 그러면 '생각했던 것보다 팔을 흔들지 않는구나' '상상했던 것보다 구부정한 등으로 달리는구나' 등등 스스로도 깜짝 놀랄 정보를 얻을 수 있다. 생각보다 팔을 흔들지 않는다면 '그래, 견갑골 주변을 부드럽게 스트레칭하자'라는 아이디어가 떠오르고 다음 행동으로 이어질 수 있다.

동영상 촬영으로 자신의 현재 상황을 파악하고 다음으로 이어지는 개선 포인트를 발견하자!

CHECK **당신의 현재 상황은?**
☐ 자신을 객관적으로 볼 수 있다.
☐ 자신을 객관적으로 볼 수 없다.

ADVICE 일하는 모습이나 집에서 지내는 모습을 동영상으로 촬영하는 것도 흥미로운 일이다. '의외로 타이핑이 느리다' '팔꿈치를 괴고 TV를 본다' 등등 생각지도 못했던 자신의 버릇을 발견한다.

23 | '무얼 하지?' 하는 고민을 없애기 위해 다음에 할 일을 정하자

일찍 깼지만 다시 잠에 빠져들죠. 그것은 일찍 일어나는 것만이 목적이기 때문이에요. 일찍 일어나서 하고 싶은 일은 무엇인가요?

일찍 일어나겠다고 결심하고 평소보다 1시간 일찍 잠에서 깼다. 그러나 결국 침대로 파고들어 다시 잠들어버린 경험은 누구에게나 있을 것이다. 어째서 그런 일이 일어나는 것일까? 가장 큰 이유 한 가지를 꼽는다면 '계획이 없기' 때문이다. 1시간 일찍 일어났지만, 특별히 할 일이 없다. 계획이 없는데다 졸음이 몰려오면 결국 그냥 잠이나 자자며 다시 침대에 누워버린다.

이를 방지하기 위해서는 잠에서 깬 뒤에 할 일을 '미리 정해두는' 것이 효과적이다. 일어나자마자 곧장 영어회화 라디오를 들어도 좋다. 일찌감치 집을 나서 카페에서 신문을 읽어도 좋다. 아침 시간을 취미나 공부, 운동에 활용하는 것도 좋다. 물론 느긋하게 여유로운 시간을 보낸다는 목적도 좋을 것이다.

행동 예정을 미리 정해두면 다시 잠자리로 파고드는 위험을 줄일 수 있다.

계획이 없으면 실천할 수 없다. 다음에
어떤 행동을 할 것인지 미리 정해두면
수월하게 다음 행동으로 이어간다!

CHECK 당신의 현재 상황은?
☐ 계획을 세우고 행동하고 있다.
☐ 계획 없이 되는 대로 행동하고 있다.

ADVICE 휴일을 보내는 방법도 마찬가지다. 무엇을 할지 생각하다 외출도 못한 채 저녁을 맞이하기도 한다. 그런 사태를 미연에 방지하기 위해서는 전날 계획을 세운다.

24 | 메일을 체크하는 시간과
답장하는 시간을 정해두자

메일을 받을 때마다 일일이 열어 답장을 보내지는 않나요? 메일 체크와 답장은 시간을 정해두고 하면 여유가 생겨요.

메일이 도착할 때마다 하고 있는 일을 중단하고 그 메일을 읽고 대응하고 있지 않은가? 만일 그렇다면 하루 중 메일을 처리하는 데 얼마만큼의 시간을 사용하고 있는지 살펴보자. 메일을 받을 때마다 일일이 처리하고 있다면 그 대응법을 개선해보자.

그렇다면 어떻게 하면 좋을까? 메일을 읽는 시간대, 메일에 답장하는 시간대를 미리 정해두는 것이다. 예를 들어 메일을 읽는 것은 9시와 오후 3시로 하루 2회(각 15분씩). 답장이 필요한 메일에는 깃발 표시를 달아 11시와 오후 5시로 2회(각 15분씩)에 한해 처리한다. 메일처럼 일방적으로 받게 되는 정보는 스스로 컨트롤할 수 없다. 그때마다 일일이 대응하지 말고 가능한 한 몰아서 한 번에 처리하자.

**메일에 대응하는 시간을 미리 정해두면
시간관리를 효율적으로 할 수 있다.**

CHECK   **당신의 현재 상황은?**
☐ 메일에 대응하는 시간을 정한다.
☐ 메일이 도착하면 그때마다 대응한다.

ADVICE   메일에는 플래그 기능이 있다. 답장이 필요한 메일에는 반드시 깃발 표시를 하자. 클릭 한 번으로 이후에 해야 하는 행동을 시각화할 수 있다.

25 | 무엇을 조사할 것인지 3분간 생각하고 기록한 뒤에 검색을 시작한다

때때로 검색하는 동안에 무엇을 조사하는지 잊기도 해요. 그런 시간 낭비를 없애기 위한 방법입니다.

어떤 정보를 검색하려고 사이트를 살피다가 문득 호기심을 자극하는 기사를 발견하게 된다. 흥미로운 기사를 읽는 도중에 '무엇을 검색하고 있었지?' 하는 생각이 들기도 한다.

인터넷 서핑은 즐거운 것으로 이것저것 창을 열어 살펴보는 동안에 절로 기분이 좋아진다. 그러나 안타깝게도 그런 까닭에 시간을 허비하기도 한다. 그렇게 되지 않기 위해서는 '지금 무엇을 조사할지'를 분명히 종이에 적고 나서 검색을 시작해본다.

먼저 3분이라는 제한 시간 내에 조사하려는 것을 구체적으로 적는다. 상품의 소비 경향인지, A사 상품의 판매 추이인지로 조사 방향은 크게 달라질 것이다. 목적을 명확히 하고 나서 검색을 시작하면 정보수집의 정밀도가 비약적으로 높아진다.

무엇을 조사할 것인지 분명히 알면
찾는 정보에 곧장 다가가게 된다.

CHECK 당신의 현재 상황은?
☐ 조사할 주제를 염두에 두고 있다.
☐ 그저 무턱대고 검색할 때가 많다.

ADVICE 검색 작업할 때는 '조금만 더 하면 정보를 찾을지 모른다'는 생각에 마냥 하는 경향이 있다. 따라서 몇 시 몇 분부터 몇 시 몇 분까지 한다는 시간을 정한다.

Column

부족행동과 과잉행동

부족행동은 목표 달성에 필요한 행동을 말하고, 과잉행동은 목표 달성을 방해하는 행동을 말한다.

예를 들어 자격증을 취득하기 위해 공부하고 싶지만 야근이 많아 좀처럼 행동하지 못한다고 말하는 사람은 공부가 부족행동, 야근이 과잉행동에 해당한다. '~하고 싶다'고 생각하는 것이 부족행동, '~이지만'이라는 말 뒤에 이어지는 것이 과잉행동이라고 기억하는 방법도 있다.

이 사람의 경우에는 퇴근하는 길에 카페에 들러 참고서를 펼친다 등 좀 더 쉽게 공부할 수 있는 나름의 규칙을 설정한다. 더불어 직장에서는 퇴근 1시간 전에 알람이 울리게 설정해 좀 더 집중해 업무를 마무리 지음으로써 야근을 줄인다는 규칙을 마련하면 더욱 효과적이다. 결국 부족행동을 늘리고 과잉행동을 줄이는 것이 실천력을 강화하는 비결인 것이다.

3장

미니멀 비즈니스를
실천하는
습관 키우기

자신을 일으켜
행동한다

행동으로 실천하는 사람은

스스로를

잘 일으켜 세우는 사람이다.

상벌, 작은 목표를 효과적으로 활용해 자신을 일으켜 세운다!

실천하는 사람은 '하지 않으면 안 되는' 행동을 '하고 싶은 행동'으로 바꿔 자신을 일으켜 세운다. 스스로를 행동하도록 하기 위한 대표적인 방법 2가지가 '상벌'과 '작은 목표'다.

상벌은 부족행동과 과잉행동(62쪽 참조)을 컨트롤하는 데 매우 효과적이다. 예를 들어 예정대로 조깅을 했다면 자기 자신에게 상을 주고, 조깅을 게을리하면 자신에게 벌칙을 준다. 상이라도 돈이 들면 꾸준히 이어지기 어려워, 캘린더에 표시를 하거나 도장을 찍는 등으로 충분하다. 반대로 벌칙도 마찬가지다. 자신을 일으키기 위한 시스템이기에 게임감각으로 즐기는 것이 중요하다.

작은 목표라는 것은 글자 그대로 '작은 목표'를 말한다. 운동부족인 사람에게 돌연 '10킬로미터 마라톤대회에 참가해 완주하라'고 요구하면 '글쎄요, 할 수 있을까요'라며 불안해한다. 그러나 '첫 3일간은 300미터를 걷는 것으로 좋다'고 한다면 어떨까? '이쯤이라면 할 수 있다'고 생각하지 않을까?

'할 수 있을까?' '끝낼 수 있을까?'라고 멈춰서 고민만 하지 말고 '할 수 있을 것 같다' '해보자'는 생각이 드는 작은 목표를 설정하고 거기까지 시작해보자. 실천하는 사람은 그런 작은 목표를 설정하는 데 능숙하다.

실천은 구체적인 숫자로 달성·미달성을 누구나 판단할 수 있게 한다

'실천'은 실제로 행한 것으로 구체적이다. 때문에 숫자를 넣어 구체화해 달성·미달성을 누구든 똑같이 판단할 수 있다. '열심히 한다' '분발한다'고 해도 주관에 따라 의견이 갈리는 것은 실천이라고 볼 수 없다. 자신은 '열심히 했다'고 생각할지 모르지만, 상사가 보면 '열심히 하지 않는다'고 느낄지도 모르기 때문이다.

그렇다면 '오후 3시까지 고객에게 기획서를 메일로 보낸다'는 내용이라면 어떨까? 이것이라면 목표 시간이 명확하기 때문에 달성인지 미달성인지 누구든 분명히 판단할 수 있다.

실천하는 사람이 되기 위한 개선책을 생각하기 위해서는 먼저 현재 상황분석, 결국 'TO DO'와 '실제 행동'을 비춰보는 작업(=돌아보기)이 필요하다. TO DO가 애매하면 돌아보기가 제대로 이뤄지지 않는다. 이번 장에서는 TO DO를 구체화하고 실행에 옮기는 시스템을 만드는 방법에 대해 확실히 배워보자.

26 ┃ 누구나 확인할 수 있도록
목표 설정을 구체화하자

제3자라도 확인할 수 있도록 목표 설정을 구체화하면 작업의 '완료 or 미완료'가 명확해져 실수와 실패가 줄어들어요.

당신이 '오늘 중에 자료를 완성하자'라고 생각했을 경우에 무엇을 근거로 '완성'인지 '미완성'인지 판단할까. 사실 사람마다 정의가 애매하다. 예를 들어 상사에게 자료를 제출하고 5시까지 OK 받는 것이 '완성'이라면 어떨까? '오늘 5시까지'라는 마감과 '상사에게 OK 받는다'는 목표를 구체적으로 설정함으로써 완성인지 분명 판단할 수 있다.

작업이 끝나는 목표 설정을 분명히 하는 습관을 가지면 서로의 인식 차이를 막을 수 있다. 예를 들면 상사로부터 저녁까지 자료 작성을 부탁받았을 때 "6시까지 보실 수 있도록 진행하면 될까요?" "아니, 5시까지 부탁하네"라는 대화가 오가면서 목적이 명확해지고 목표를 공유할 수 있다.

> '저녁까지' '월말까지' 같은 애매한
> 표현은 삼가고 작업 목적이나 마감을
> 구체적으로 설정하자!

CHECK 당신의 현재 상황은?
☐ 목표를 구체적으로 설정한 뒤에 행동한다.
☐ 목표 설정이 애매한 채로 행동한다.

ADVICE 목표를 구체적으로 설정하기 위해서는 먼저 목표한 장면을 머릿속에서 상상해본다. ○일 ○시에 어디서 어떤 상태가 되는가? 그것을 적어보자.

27 ┃ 업무 시작 전에 TO DO 리스트를 작성하고 업무를 ○× 표시로 구분하자

하루의 행동을 시각화할 때 중요한 것은 TO DO 리스트를 작성하는 거예요. 당신은 매일 작성하고 있나요?

TO DO 리스트를 작성하는 데 중요한 포인트 3가지가 있다.

첫 번째는 업무 시작 전 5~10분 정도의 짧은 시간에 의식을 집중해 작성할 것. 그리고 업무가 시작되는 동시에 즉시 일에 집중한다.

두 번째는 오늘 할 예정 업무를 생각나는 대로 적을 것. 내일 해도 되지 않을까 등등의 업무도 일단 적는다.

세 번째는 '적은 업무를 ○✕ 2가지로 나누는 작업이다. ○ 표시는 오늘 중 반드시 한다, ✕ 표시는 오늘 중 하지 않아도 되는 일을 나타낸다. 대부분의 사람은 하기 쉬운 업무부터 먼저 처리하는 경향이 있기 때문에 업무를 ○✕로 구분하는 작업은 매우 중요하다.

TO DO 리스트에 ○✕ 표시를 하면 오늘 업무의 흐름이 한눈에 보인다!

CHECK 당신의 현재 상황은?
□ TO DO 리스트를 매일 작성하고 있다.
□ TO DO 리스트를 매일은 작성하지 않는다.

ADVICE 바쁜 사람의 경우는 ✕ 표시로 구분하는 것이 특히 중요하다. ○✕로 구분하는 것은 업무뿐 아니라 자격시험 공부나 집안일에도 크게 효과를 발휘한다. 여러 다양한 장면에서 활용해 보자.

28 ▎ TO DO 리스트를 근거로
1일 스케줄을 3분할로 나누자

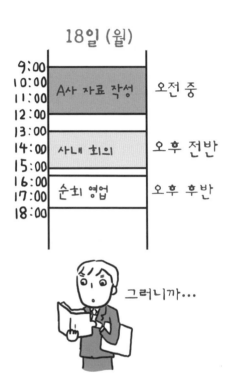

18일 (월)

시간	업무	구분
9:00		
10:00	A사 자료 작성	오전 중
11:00		
12:00		
13:00		
14:00	사내 회의	오후 전반
15:00		
16:00	순회 영업	오후 후반
17:00		
18:00		

그러니까…

업무를 시작하기 전에 TO DO 리스트를 작성하는 데 익숙해졌다면 이제 하루의 스케줄을 만들어보세요.

TO DO 리스트를 ○×로 구분하는데 익숙해졌다면 1일 스케줄에 적용해본다. 업무가 시작되기 전 5~10분이라는 짧은 시간을 활용하자. 먼저 스케줄 표를 준비하고 1일 스케줄을 오전 중, 오후 전반, 오후 후반 3가지로 분할한다.

그리고 '오전 중: A사 자료 작성' '오후 전반: 사내 회의' '오후 후반: 순회 영업'이라는 식으로 ○표를 한 업무부터 스케줄에 배분한다. 하나의 영역에 한 가지 일만 배분할 필요는 없다. 몇 가지 업무를 넣어도 좋다.

TO DO 리스트를 3가지 틀에 배분하는 것만으로 효율적으로 진행되는 스케줄이 완성된다.

세 영역에 TO DO 리스트의 업무를 배분해 하루 시간의 흐름이 자연히 머릿속에 그려진다.

CHECK   당신의 현재 상황은?
☐ 1일 스케줄을 3분할하고 있다.
☐ 1일 스케줄을 3분할하지 않는다.

ADVICE   3분할로 스케줄 작성을 할 수 있다면 나아가 6분할, 1시간 단위 등의 틀을 좀 더 세밀하게 만들어간다. 어느 유명한 IT 기업에서는 실제로 15분 단위로 스케줄을 잡는다.

29 | 첫 걸음을 내딛지 못할 때는
행동 수준을 낮춰 시험 삼아 해보자

잘 되지 않으면 어쩌지, 꾸준히 하지 못하면 어쩌지, 그런 고민을 가진 사람에게 특히 권하는 방법이에요.

시작하기 전부터 '실패하면 어쩌지?' 하는 고민으로 첫 걸음도 내딛지 못하는 사람이 많다. 예를 들면 '영어 학원에 다니고 싶지만, 일이 바빠서 계속 다닐 자신이 없다'고 말하는 사람이다. 그런 사람에게 권하고 싶은 것은 '시범 코스'를 유효하게 활용하는 것이다. '이거라면 할 수 있을 것 같다'는 범위까지 행동 수준을 낮추고 한번 행동해보고 판단하는 것이다.

이 방식은 '완성까지 어느 정도 시간이 걸릴까?' 하며 불안해하는 일에도 유효하다. 예를 들어 몇 백 명에게 배분할 자료를 스테이플러로 찍어야 한다고 가정해보자. 이것을 10개 정도 '시험 삼아' 작업해보고 시간을 예측해보자. 그러면 전체의 작업 시간을 대충 측정할 수 있기에 막연한 불안에서 벗어날 수 있다.

머리로만 생각하고 행동으로
실천하지 못하는 사람은 '시험 삼아'
가볍게 첫 걸음을 내딛어보자!

CHECK 당신의 현재 상황은?
☐ 첫발을 잘 내딛는 유형이다.
☐ 첫발을 잘 내딛지 못하는 유형이다.

ADVICE 큰 목적을 내걸어도 실제로 행동할 수 없다면 무의미하다. 이럴 땐 우선 행동 수준을 낮추면 가뿐하게 행동할 수 있다.

30 **3분간 손이 멈춘다면 '모른다'는 SOS 신호**

이 방법을 활용함으로써 책상에서 생각에 잠긴 채 오랜 시간이 경과하는 사태를 방지할 수 있어요.

작업이 순조롭게 진행되지 않는 것은 무언가를 모르기 때문이다. 그러나 혼자서 컴퓨터에 몰두해 있을 때는 자신이 그런 상태에 빠져 있다는 사실을 좀처럼 알아차리지 못한다. 이것을 방지하기 위해서는 '아, 나는 지금 무엇인가를 이해하지 못하는 상태에 있다'고 깨닫는 나름의 규칙을 만들어둬야 한다.

예를 들어 컴퓨터를 사용해 업무보고서를 작성하는데 무엇을 어떻게 쓰면 좋을지 몰라서 타이핑하던 손이 오랫동안 멈춰버린다. '3분 이상 자신의 손이 멈춰 있다'고 느껴진다면 그것은 무언가를 이해하지 못했다는 신호다. 그대로 책상에 앉아 있다고 해도 일이 진척되지 않기에 어쨌든 한번 책상에서 일어나 기분전환을 하자.

**자신의 '모른다'는 SOS 신호를 알아차리면
줄줄 새는 시간의 낭비를 줄일 수 있다!**

CHECK 당신의 현재 상황은?
☐ 작업이 진행되지 않을 때는 기분전환을 한다.
☐ 작업이 진행되지 않으면 생각에 잠긴다.

ADVICE 3분은 그저 하나의 기준이다. 업무 내용에 따라 시간은 얼마든지 달라질 것이다. 중요한 것은 자신이 '지금 모르는' 상태에 있다는 것을 스스로 깨달을 수 있는 규칙을 마련하는 것이다.

31 | 퇴근 1시간 전에 알람을 설정해
시간관리를 효율적으로 한다

당신은 야근이 많은 편인가요? 만일 그렇다면 작업 효율을 높이기 위해 꼭 이 방법을 실천해보세요.

일을 마칠 시간이 되어 '앗, 벌써 시간이 이렇게 됐어!'라고 당황하는 사람과 일을 마치기 1시간 전에 '아, 이제 1시간이 남았다!'고 알아차린 사람. 얼핏 비슷해 보이지만 시간에 대한 의식은 전혀 다르다. 후자의 의식이 단연 높다는 것을 누구든 알 것이다.

따라서 휴대전화의 알람기능을 활용해 퇴근 1시간 전에 알람을 설정한다. 그리고 알람이 울리면 TO DO 리스트에 ○로 표시한 업무는 모두 끝났는지, 오늘의 업무는 어느 정도 진척되었는지에 대해 간단히 돌아보자.

그리고 퇴근하기 전까지 남은 1시간을 어떻게 사용할지 생각하고 남은 업무를 처리하는 데 최대한 집중한다. 그러면 1시간 동안의 작업 밀도가 높아지고 생산성은 당연히 올라간다.

1시간밖에 남지 않았다는 의식을 스스로 일깨워 남은 시간 동안 행동을 가속화시킨다.

CHECK **당신의 현재 상황은?**
☐ 퇴근 1시간 전을 의식하고 있다.
☐ 퇴근 1시간 전을 의식하지 않는다.

ADVICE 바쁘다고 한탄만 해서는 야근이 줄지 않는다. 알람을 울리며 '퇴근 시간까지 앞으로 1시간!'이라는 시간관리 의식을 높이면 업무의 진행 방식에 대한 의식도 달라진다.

32 | 하루 업무를 계획대로 완료했다면
자신에게 작은 상을 주자

참 잘했어,
오늘도
수고했다!

핫 아이 마스크

하루를 돌아보는 시간을 갖는 것은
행동하는 사람이 되는 데 있어 매우
중요해요. 반드시 하루를 돌아보세요.

앞에서 TO DO 리스트를 작성하자고 했다. 그 리스트를 토대로 하루의 끄트머리에서 반드시 오늘을 돌아보자. ○로 표시한 일이 모두 완료된 경우에는 자신의 기분이 좋아질 만한 상을 스스로에게 선물하자. 왜냐하면 상은 자신의 행동을 강화하는 효과가 있기 때문이다.

상으로는 과자를 조금 먹는다, 좋아하는 음악을 듣는다 같은 자신이 즐거울 물건이나 일이라면 뭐든 상관없다. 수첩이나 스케줄러에 꽃을 그려 넣거나 스티커를 붙이는 것만으로도 충분한 효과를 기대할 수 있다. 돈이 들지 않는 기쁨의 작은 선물을 마련하자.

행동을 마쳤다면 가급적 빨리 상을 주자. 상을 주는 타이밍이 빠르면 빠를수록 행동은 강화된다.

해야 하는 행동을 완료했다면 가급적 빨리
자신에게 상을 주어 행동을 강화하자!

CHECK 당신의 현재 상황은?
☐ 하루의 행동을 돌아본다.
☐ 하루의 행동을 돌아보지는 않는다.

ADVICE 상은 돈을 들이지 않고 간단히 준비할 수 있는 것을 선택하자.
그런 선물이 아니면 앞으로도 꾸준히 줄 수 없기 때문이다.

33 ┃ 하루 업무를 계획대로 완료하지 못했다면
자신에게 작은 벌칙을 주자

오늘은
한눈팔지 말고
곧장
집으로!

하루의 업무를 예정했던 대로 끝내지
못한 날도 있을 거예요. 그때 중요한
것이 자신에게 벌칙을 주는 거예요.

계획한 대로 업무를 완료한 경우에는 자신에게 상을 준다고 했다. 반대로 예정된 일을 마치지 못한 날은 자신이 정한 벌칙을 실행하며 후회의 늪에 빠져보자. 예를 들어 '좋아하는 TV 프로를 보지 못한다'는 벌칙이라면 '일정대로 일을 마치지 못해 이 방송을 볼 수 없다'며 후회를 실감하는 것이다. 그렇게 하면 그런 벌칙을 받고 싶지 않다는 의식이 생겨나 작업을 완료하지 못한 채로 끝나는 날이 서서히 줄어든다.

단, 벌칙을 수행하며 '나는 한심한 인간'이라는 식의 부정적인 마음을 가진다면 벌칙을 설정하지 말고 예정대로 업무를 마쳤을 때의 상만 규칙으로 정한다.

> 계획한 스케줄을 마치지 못한 날은
> 벌칙으로 후회의 늪에 빠져보자.
> 그렇게 하면 다음부터 꼭 마쳐야겠다는
> 의식이 생겨난다!

CHECK 당신의 현재 상황은?
☐ 계획대로 완료하지 못한 자신에게 벌칙을 주고 있다.
☐ 계획대로 완료하지 못한 자신에게 벌칙을 주지 않는다.

ADVICE 벌칙은 계획대로 완료하지 못하면 '손해다' '기분이 좋지 않다'는 감정을 안겨주는 구조다. 즐거운 일을 금지하거나, 싫어하는 음식을 먹는다 등등 가벼운 벌칙이 유효하다.

포인트 카드를 활용해
실천하는 이점을 만들자

직접
지우개로 만든
도장

그리 좋아하지 않거나 서툰 일을 즐겁게 할 수 있는 시스템, 그것이 포인트 카드 제도예요.

사람은 이점이 있다는 것을 알면 자연히 행동하게 된다. 반대로 자신이 그다지 좋아하지 않는 일에 대해서는 좀처럼 이점을 느끼지 못하고 행동도 잘 하지 않는다. 그런 때는 어떻게 하면 좋을까? 자신에게 이점이 되는 시스템을 만들면 된다.

시스템이라고 하면 왠지 거창하게 들릴지도 모르지만, 직접 포인트 카드를 만드는 것으로 충분하다. 예를 들어 영업 전화를 거는 것이 서툴다면 '하루 10통의 전화를 걸면 1포인트, 10건 이상을 걸었다면 2포인트'라는 나름의 규칙을 정하고 목표를 달성하면 포인트를 적립해간다. 이것만으로도 이전보다 더욱 진취적으로 전화를 걸 수 있게 된다.

또한 '일주일간 매일 포인트를 적립하면 맛있는 요리'를 먹는 등 작은 선물을 보태면 더욱 즐거운 마음으로 행동을 이어갈 수 있다.

행동하는 이점을 스스로 만들면 사람은 자연히 즐겁게 일한다!

CHECK 당신의 현재 상황은?
☐ 즐겁게 일할 방법을 생각한다.
☐ 서툰 일은 뒤로 미룬다.

ADVICE 중요한 것은 '만날 약속을 잡은(성과) 것'이 아니라, '전화를 건 (행동) 것'으로 포인트를 적립한다는 점이다. 성과는 스스로 컨트롤할 수 없다. 자신이 컨트롤할 수 있는 행동에 주목한다.

35 | 자신의 실천 과정을 그래프로 시각화하자

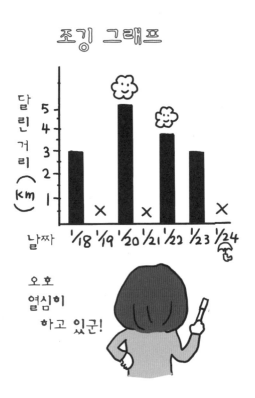

조깅 그래프

자신이 행동으로 옮긴 실천 과정을 그래프로 살펴보세요. 그것만으로도 스스로에게 선물이 됩니다.

달린 거리가 쌓이면 즐거운 것처럼 '자신이 지금껏 이렇게 실천했다'는 것이 시각화되면 뿌듯하고 더 열심히 해야겠다는 생각이 들게 마련이다. 그런 의미에서 추천하는 것이 직접 만든 그래프다. 그래프 만들기의 포인트는 2가지다.

하나는 행동을 그래프로 그릴 것. 예를 들어 다이어트의 경우에 체중의 추이를 그래프로 만드는 것이 아니라 살을 빼기 위한 행동으로 조깅을 한다면 달린 시간이나 거리를 그래프로 만든다. 다른 하나는 자신에 대한 상으로 보고 즐기는 그래프를 만드는 것. 일러스트나 스티커 등으로 컬러풀하게 그래프를 완성해 수첩이나 책상처럼 잘 보이는 곳에 붙인다.

**실천 과정을 간단히 기록하는 그래프가
당신을 다음 행동으로 이끌어준다!**

CHECK **당신의 현재 상황은?**
☐ 그래프로 자신의 행동을 시각화한다.
☐ 자신의 행동을 특별히 시각화하지 않는다.

ADVICE 그래프가 훌륭한 것은 '지난주에 꽤 달렸는데 이번 주는 그리 달리지 못했다'처럼 한눈에 자신의 행동을 파악할 수 있다는 점이다.

36 ┃ 자투리 시간 10분 동안 할 일을
미리 생각해두자

갑자기 생긴 자투리 시간을 당신은 어떻게 보내고 있나요? 미리 하고 싶은 일을 생각해두면 낭비 없이 보낼 수 있어요.

이 방법은 '바쁜 탓에 하고 싶은 일을 거의 못하는' 사람이나 '무엇을 하는지?' 스스로도 잘 모르는 사람에게 권한다.

10분이라는 자투리 시간이 생기면 할 일들을 수첩에 10개 정도 적는다. 점심시간에 갈 맛집 검색하기, 친구에게 메일 쓰기, 독서 등등 뭐든 좋다.

'당신의 꿈은?' 이런 질문을 받으면 대답하기 어렵지만, 10분 동안 무슨 일을 하고 싶은지 물으면 의외로 간단히 답이 나오는 법이다. 꼭 적어보자. 예기치 못한 자투리 시간에 하고 싶은 일을 했다는 생각에 기분이 더욱 즐거워진다.

**자투리 시간을 활용해 하고 싶은 일을
부지런히 하면 시간 낭비 없이
기분 좋은 시간을 보낼 수 있다.**

CHECK 당신의 현재 상황은?
☐ 자투리 시간을 잘 활용하고 있다.
☐ 자투리 시간에 특별히 하는 것이 없다.

ADVICE 갑자기 찾아온 자투리 시간은 대개 상대가 약속 시간에 늦어서 생긴다. 그러나 하고 싶은 일을 준비해두면 상대의 지각에도 초조해하지 않고 오히려 행운처럼 느껴진다.

37 ┃ 반복적으로 하는 작업 내용은 체크리스트로 만들자

【출장 준비 체크리스트】

- ☐ 와이셔츠 (　　장)
- ☐ 양말 (　　켤레)
- ☐ 속옷 (러닝　　장)(팬티　　장)
- ☐ 손수건
- ☐ 세면도구
- ☐ 비상약
- ☐ 접는 우산
- ☐ 노트북

그리고
…

바쁠 때 굼뜬 것은 '고민하는 시간'이 있기 때문이에요. 그럴 때 체크리스트를 준비해두면 바로 행동할 수 있어요.

출장이나 여행을 갈 때마다 무엇이 필요한지 일일이 생각하면서 짐을 싸지는 않는가? 바쁜 중에 고민하거나 생각하는 것은 쉽지 않은 일로 깜빡 잊고 챙기지 못하는 물건이 생길 가능성도 높다. 그런 사람에게 권하는 것이 '체크리스트'다. 가져갈 것을 적어 리스트로 만들고 그것을 보면서 짐을 챙겨 가방에 넣기만 하면 끝이다. 한 번 체크리스트를 만들어두면 여러 차례 사용할 수 있어 편리하다.

'체크리스트를 작성한다'는 사고방식은 여러 장면에서 응용할 수 있다. 예를 들면 신입사원에게 전화나 고객 응대법을 가르칠 경우, 행동 순서를 세밀하게 체크리스트화하면 누구든 실수하지 않고 빠짐없이 늘 똑같이 행동할 수 있다.

여러 차례 반복하는 행동을 체크리스트로
만들면 실수도 줄고 고민하지 않고
신속히 행동하게 된다!

CHECK　　**당신의 현재 상황은?**
☐ 체크리스트를 보면서 준비한다.
☐ 매번 필요한 것을 생각하면서 준비한다.

ADVICE　　언제든 누구나 실수 없이 행동할 수 있도록 체크리스트화하는 것은 미니멀 비즈니스의 기본이다. 다양한 체크리스트를 만들 수 있다.

38 | 꼭 하고 싶은 사적인 계획은
수첩에 적어두자

업무의 진행 상황이 어떻게 될지 모른다는 이유로 사적인 계획을 주저하고 있지 않나요?

자신이 좋아하는 뮤지션의 콘서트가 반년 뒤에 열릴 예정이고, 오늘부터 티켓 예매가 시작되었다고 가정해보자. '그 무렵에는 일이 바쁜 시기로 지금 티켓을 사는 것은 용기가 필요하다'며 주저할지도 모른다. 만일 그렇다면 유감스럽게도 자신이 콘서트에 갈 가능성은 매우 낮다.

이런 경우에 콘서트 티켓을 사고, 수첩에 큰 글씨로 '콘서트'라고 적는다. 그리고 콘서트에 갈 수 있도록 업무를 진행하면 된다.

'왜 실천하는 사람이 되는 것이 좋은가' 하면 자신이 정말로 하고 싶은 일을 할 시간을 만들 수 있기 때문이다. 따라서 사적인 계획을 주저하지 말고 꼭 실천하자.

소중한 자신의 시간을 확보하기 위해 실천하는 사람이 되자!

CHECK 당신의 현재 상황은?
- ☐ 자신이 하고 싶은 일을 최우선으로 한다.
- ☐ 자신이 하고 싶은 일은 뒤로 미루기 일쑤다.

ADVICE 자신이 정말로 하고 싶은 일, 그것은 당신에게 있어 최고의 선물이다. 계획하는 순간 어떤 일보다 강렬히 '반드시 해내겠다'는 마음이 생긴다.

39 | 회의에는 주제를 시각화하고
참석하자

하루의 스케줄에서 큰 비중을 차지하는 회의나 협의 시간. 무엇을 목적으로 하는 시간인지 알고 있나요?

참석자가 각자의 입장에서 발언하고 결국 아무것도 정하지 못한 채로 해산. '그 시간은 무엇이었지?' 이런 회의나 협의는 의외로 많다.

그것을 방지하기 위해서는 먼저 회의에 앞서 '지금부터 시작하는 회의나 협의의 주제가 무엇인가?'를 생각하고 노트나 포스트잇에 메모해두는 것이다. 결국 지금부터 보내는 시간의 의미를 시각화해두는 것이다. 그렇게 하면 도중에 이야기가 주제에서 벗어났다고 해도 자연스럽게 '오늘은 시간 내에 방침만이라도 정하자' 등등 오늘의 주제를 말함으로써 본래 주제로 돌아와 회의가 활성화된다. 참석자 전원이 다시 주제를 공유하는 것도 좋을 것이다.

눈에 보이지 않는 회의나 협의의 주제일수록 시각화할 필요가 있다!

CHECK 당신의 현재 상황은?
☐ 주제를 명확히 하고 참석한다.
☐ 주제가 애매한 채로 참석한다.

ADVICE 회의나 협의를 시작할 때 '오늘의 주제'를 화이트보드에 크게 적어두는 것을 권한다. 그러면 주제를 전원이 공유할 수 있고 주제에서 벗어나지 않고 진행할 수 있다.

Column

상과 벌칙

이 책에서는 이해를 돕기 위해 상과 벌칙이라는 표현을 사용하지만, 행동과학 매니지먼트의 전문용어로는 '강화'와 '약화'라는 말을 사용한다.

- 상이란 행동을 '강화(더욱 하고 싶은 마음을 갖게)'하는 것
- 벌칙이란 행동을 '약화(하기 싫다는 마음을 갖게)'하는 것

늘렸으면 하지만 늘리지 못하는 '부족행동'을 늘리고 싶다면 상을 잘 활용하자. 예를 들면 1일 5건의 영업 방문을 할 필요가 있다면, 5건의 영업 방문이라는 '행동'을 완료한 시점에서 자신에게 상을 주는 것이다. 상의 내용은 뭐든 상관없다. 좋아하는 것을 먹어도 좋고 포인트 카드나 그래프로 행동을 시각화하는 것으로도 충분히 효과가 있다.

4장

미니멀 비즈니스
실천으로
성과 내기

업무 효율이
상승한다

올바른 행동을 했다면

반드시 성과가 나온다.

잘못된 행동으로는

성과를 올릴 수 없다.

회사 업무나 개인적인 일에서
성과를 내는 사람의 행동을 흉내 낸다

'모든 결과는 행동의 축적'이다. 성과를 낸 것은 바른 행동을 꾸준히 해왔기 때문이다. 성과를 내지 못한 것은 잘못된 행동을 이어왔기 때문이다. 우연이 결과를 좌우하지 않는다.

지금까지 1장부터 3장까지 실천하는 자신을 만들기 위한 환경조성, 나쁜 습관을 없애는 방법, 자신을 일으켜 실천하는 방법에 대한 다양한 기술을 이해했다. 이번 장에서는 '바른 행동'과 '잘못된 행동'이 있다는 것을 설명할 것이다.

예를 들어 제안서를 작성한다고 가정해보자. 어떤 방식으로 작성하면 하루 종일 걸리지만 다른 방법으로 작성하면 불과 1시간 만에 완성되고, 그 퀄리티가 같다면 단연코 1시간에 완성하는 방법이 옳다.

그렇다면 대체 어떻게 올바른 실천을 할 수 있을까? 여기에는 2가지 방법이 있다. 하나는 성과를 내는 사람의 방식을 관찰하고 '해볼 만하다'고 느껴진다면 흉내 내는 것이다. 이 장에서는 몸을 움직여 행동하고 멋진 성과를 거두는 대다수의 사람들이 일상적으로 실천하는 기술을 다수 소개한다. 꼭 참고하자.

성과로 직결되는 '핀포인트 행동'으로
실천력이 향상된다

다른 한 가지는 하루를 돌아보는 가운데 '어떤 행동이 특히 성과로 이어졌는지'를 생각하는 습관을 갖는 것이다.

행동과학 매니지먼트에서는 성과로 직결되는 행동을 '핀포인트 행동'이라고 말한다. 앞서 제안서 작성의 예로 말하면 하루 종일 걸린 경우와 1시간 만에 완성한 경우의 행동 차이는 무엇이 었는지 생각해본다. 그리고 '상사에게 제안서 양식을 보여달라고 했던 것이 결정적인 차이를 낳은 것일까?'라는 가설을 세웠다면 다시 한 번 동일한 방법으로 일해본다. 그리고 '역시 그랬다'고 깨닫는다면 당신의 행동력은 몇 단계나 상승했다고 할 수 있다.

업무, 가사, 취미, 공부…… 어떤 일에 힘을 쏟을 경우라도 '성과로 직결되는 핀포인트 행동은 무엇일까?'라는 질문을 늘 머릿속에 떠올린다. 분야에 상관없이 성과가 나오는 속도가 빨라진다. 덧붙여 핀포인트 행동은 자신의 행동 수준이 높아짐에 따라서 점차 달라진다. 따라서 끊임없이 핀포인트 행동이 무엇인지를 파악하는 것이 중요하다.

성과를 내며 하고 싶은 일을 즐기는 하루하루를 보내자.

40 | 업무 시작 전까지 '오늘의 목표'를 세우고 수첩에 기록하자

오늘의 목표를 세우세요. 이것은 영업 자처럼 수치 목표를 달성하는 사람에게 특히 권하고 싶은 방법이에요.

'오늘 하루의 행동을 통해 어떤 결과를 바라는지' 구체적으로 담은 것을 '오늘의 목표'라고 말한다. 예를 들어 5명의 고객과 만나고 그중 2명의 고객과 다음 번 만날 약속을 잡는 그림을 가지고 좀 더 구체적으로 생각해보자.

오늘의 목표는 ①자신이 어떤 '행동'을 하는가?(5명을 만난다), ②그 '행동'에 의해 어떤 결과를 얻으려 하는가?(2명과 다음 만날 약속을 잡는다), 이 두 가지를 조합해 만든다.

그리고 오늘의 목표를 세웠다면 업무가 시작되기 전까지 '기록'한다. 수첩에 적든 컴퓨터에 타이핑을 하든 녹음기에 녹음하든…… 무엇이든 상관없다. 무언가에 기록하면 하루를 돌아보는 것이 수월해지고 행동 수준을 높이는 효과가 있다.

**'오늘의 목표'를 세우고 기록함으로써
비로소 자신의 행동을 돌아볼 수 있다!**

CHECK **당신의 현재 상황은?**
☐ 오늘의 목표를 세운다.
☐ 오늘의 목표를 세우지 않는다.

ADVICE 고객과 만나고 약속하는 것이 가장 중요한 영업직에게 '어떤 결과를 원하는가?(목표)'와 '실제 어땠는가?(결과)'의 차이(돌아본다)를 파악하는 일은 매우 중요한 작업이다.

41 ┃ 비정형 업무를 하는 시간도 스케줄에 넣자

갑작스러운 부탁, 돌연 발생한 문제……, 그런 예기치 못한 '비정형 업무'에 혹시 당신은 매일 휘둘리고 있나요?

업무는 '정형 업무'와 '비정형 업무'로 나뉜다. 보통 업무란 메일 회신, 하루의 업무 보고, 회의, 클라이언트 방문 등 앞으로 무엇을 어떻게 진행할지 알고 있는 업무다. 이것들은 TO DO 리스트로 만들어 스케줄에 반영하기 쉽다.

한편 비정형 업무란, 갑자기 발생한 문제로 견적서를 다시 작성하는 등 예기치 못한 업무를 말한다. 이 비정형 업무를 하는 시간을 일정 중에 미리 확보해놓는다. 예를 들면 '오후 1시~3시는 비정형 업무'라는 식이다.

비정형 업무 시간을 '여백'으로 두지 않고 정형 업무만으로 스케줄을 채우면 생각하지 못한 비정형 업무에 쫓겨 제시간에 일을 끝내지 못한다.

**예기치 못한 업무에 대한 시간을
사전에 확보해두면 당황하지 않고
여유를 가지고 대처할 수 있다!**

CHECK 당신의 현재 상황은?
☐ 비정형 업무에도 잘 대처한다.
☐ 비정형 업무가 생기면 휘둘리고 만다.

ADVICE 우선은 정형 업무와 비정형 업무의 비율을 '3 : 1(약 2시간을 비정형 업무용으로 확보한다)'로 설정하고 스케줄을 임의로 작성해두었다가 일하면서 조정해간다.

42 ▎제3자의 협력이 필요한 일은 오전 중에 착수하자

혼자서 완결하지 못하는 제3자가 관련된 일은 오전 중에 착수하세요. 그것이 업무 효율을 높이는 요령이에요.

TO DO 리스트에서 ○로 표시한 작업을 그날 중에 확실히 끝내기 위해서, 먼저 누군가의 판단을 따라야 하는 일은 오전 중에 착수하자.

예를 들어 오늘 일정표를 제출해야 하는데 거래처의 답을 듣지 않고서는 진행시킬 수 없는 업무가 있다면, 오전 중 거래처에 전화를 걸어 대답을 들어야 오후에 일정표를 작성할 수 있을 것이다. 그런데 오후에 전화를 걸어 물으면 담당자가 자리를 비우거나 연락이 닿지 않아 어쩔 수 없이 내일로 미뤄지게 된다.

유감스럽게도 타인의 사정까지는 파악할 수 없다. 따라서 혼자 완결하는 일에 앞서 타인과 관련된 일을 먼저 처리할 필요가 있다.

제3자와 연관된 일을 우선순위를 높여 먼저 처리하면 업무 효율이 단연코 높아진다.

CHECK   당신의 현재 상황은?
☐ 중요한 일은 서둘러 착수한다.
☐ 중요한 일일수록 뒤로 미룬다.

ADVICE   오전 중에는 호르몬 분비가 활성화되어 뇌의 작용도 절정에 달한다. 따라서 중요한 일일수록 먼저 하는 것이 철칙이다. 오전 시간대를 최대한으로 활용하자.

정보는 양보다 질이 중요!
참고자료는 3개로 압축하자

정보 뉴스 사이트의
북마크는
3개만 해두자

이것은 정보를 수집할 때 꼭 기억해
둬야 하는 방법이에요. 시간제한 없이
정보를 입수하는 버릇을 없애도록 하
세요.

오늘날 우리는 인터넷의 발달로 인해 얼마든지 정보를 수집할 수 있다. 그 때문에 자칫 시간제한 없이 너무 많은 것을, 필요와 상관도 없이 수집하게 된다. 이런 정보 과다의 시대이기에 정보수집 능력이 중요하다.

예를 들면 인터넷을 사용해 정보를 수집할 때 관계있어 보이는 화면을 끝없이 열어본다. 그런 사람은 한차례 보고 좋은 정보를 '3개까지로 제한한다'는 규칙을 정한다. 혹은 기획서를 작성할 때 책을 10권 이상 책상에 쌓아놓고 이 책 저 책을 훑어보는 사람도, 참고할 자료는 '3권까지로 제한다'는 규칙을 정해보자.

인간은 '3개밖에 볼 수 없다'면 최상의 3가지를 선택하게 된다. 그 3가지만 있다면 자신이 알고자 하는 것을 충분히 알아낼 수 있다. 정보는 양보다 질에 집착하는 것이 효과적으로 조사하는 방법이다.

'3개까지'라는 제한을 효과적으로 활용해
밀도 높은 정보를 수집해 효율적으로
바람직한 성과를 이끌어내자!

CHECK 당신의 현재 상황은?
☐ 자료의 수를 몇 가지로 좁힌다.
☐ 대다수 자료를 훑어보고 혼란스러워진다.

ADVICE 무심코 TV를 보는 사람은 '1일 TV 시청은 3시간', SNS를 하는 사람은 '1일 SNS는 30분'으로 나름의 제한 시간을 정해두면 좋다.

44 ▎낮잠 15분으로 심신을 개운하게 부활시키자

당연한 듯이 보내는 시간일수록 효율적으로 보내면 큰 효과를 낳아요. 점심시간 1시간을 당신은 어떻게 보내고 있나요?

대부분의 직장은 점심시간이 1시간인데, 실천하는 사람은 이 1시간을 자신을 위해 유효하게 활용하고 있다.

내 주변에도 점심시간을 독서시간으로 보내거나 워킹이나 스트레칭으로 가볍게 몸을 움직이거나 재충전 시간으로 활용하는 사람이 많다. 특히 권하고 싶은 것은 '낮잠 15분'이다. 식사를 일찌감치 마치고 사무실로 돌아와 책상에서 15분 동안 낮잠을 잔다. 실제로 내 주변에는 오후 2시 무렵이 되면 졸음이 몰려왔지만 '낮잠 15분'을 실행한 뒤부터는 퇴근시간까지 바짝 집중해 일하는 사람이 많다.

점심시간은 근무 중 가장 자유로이 이용할 수 있는 시간이다. 이 시간은 어떻게 사용하는가에 따라서 그 이후의 성과는 크게 달라진다.

매일 1시간의 점심시간을 효과적으로 활용하면 그 이후의 성과에 좋은 영향을 미친다.

CHECK 당신의 현재 상황은?
☐ 점심시간을 유효하게 활용하고 있다.
☐ 점심시간을 그냥 보내고 있다.

ADVICE 휴식하는 타이밍은 매우 중요하다. 1시간 책상업무를 했다면 반드시 상반신 스트레칭을 하는 등 좀 더 실천하기 쉬운 휴식 규칙을 만들자.

45 ┃ 모두 모이는 회의시간을
업무를 배우는 시간으로 만들자

목표 달성을 잘하는 사람은 길고 지루하게 느끼는 시간조차 배우는 시간으로 생각해요. 당신은 어떤가요?

회의는 '그저 참가할 뿐'이라는 자세로 임하면 터무니없이 길게 느껴지는 법이다. 그러나 '도움이 되는 것을 한 가지라도 찾자'는 마음가짐으로 참석한다면 회의는 단숨에 매력적인 시간으로 탈바꿈한다.

회의는 많은 사람이 모이기 때문에 사람들을 관찰하는 데 최적의 장소다. 예를 들면 상사가 어떤 식으로 말하는지를 관찰하고 '참석자들의 얼굴을 두루 살핀 뒤 빙그레 웃은 뒤에 이야기를 시작하는구나. 나도 한번 흉내 내보자'라고 생각하거나 선배를 관찰해보니 '뭔가 색다른 노트를 사용하네. 어디서 구입했는지 나중에 알아보자' 같은 것들을 생각하면서 시간을 보낸다.

이런 식으로 의미 있는 시간을 보내려는 의식을 갖기만 해도 회의가 훌륭한 배움의 장소가 된다.

지루하다고 생각했던 시간도
어떤 규칙을 정하는가에 따라서
의미 있는 시간으로 바뀐다.

CHECK 당신의 현재 상황은?
☐ 회의를 배움의 장이라고 생각한다.
☐ 회의를 지루하다고 생각한다.

ADVICE 당신이 지금 '지루하다'고 느끼는 시간이 있는가? 거기에 나름의 규칙을 부가해 어떻게 '의미 있는' 시간으로 만들지 생각해보자.

46 | 책상은 '생각하는 장소'가 아닌 '작업하는 장소'로 인식하자

환경을 바꾸면 업무 능률은 비약적으로 높아져요. 특히 '생각한다'와 '작업한다'의 두 가지 구분은 매우 중요해요.

책상업무는 책상 위에서 하는 것이라고 생각하는가? 실천하는 사람은 업무 내용에 따라서 환경을 바꾼다. 실천하기 쉬운 환경설정은 매우 중요한 요소다. 꼭 우수한 사람의 행동을 보고 배우자.

기획서 작성을 예로 생각해보자. 책상 앞에서 '좋은 아이디어가 떠오르질 않는다'며 몸부림치면서 기획서를 쓰고 있지는 않을까? 유감스럽지만 그것은 결코 효율적이지 않다.

그럴 때는 아이디어를 떠올리기 위한 시간과 장소, 기획서를 쓰기 위한 시간과 장소를 완전히 구분할 것을 권한다. 예를 들면 아이디어를 생각하는 작업은 카페처럼 긴장을 풀 수 있는 공간에서 하고, 책상에 돌아와서는 집중해 기획서를 작성한다.

환경을 조금만 바꿔도 의식이 바뀌고
일의 능률이 높아진다.

CHECK 당신의 현재 상황은?
☐ 업무 내용에 따라서 환경을 바꾼다.
☐ 늘 같은 환경에서 일한다.

ADVICE 주변 환경이 달라지면 의식이 바뀌고, 해야 하는 '행동'에 집중할 수 있다. 장소를 바꾸기 어려운 경우라면 책상의 오른쪽에서 쓰고, 왼쪽에서 생각하는 등 나름의 방법을 생각해보자.

47 ┃ 작성한 자료는 하룻밤 자고 일어나 다음날 아침에 다시 읽어보자

오호~ 이 기획 대박이야!

타닥

어!? 뭐야 이 허점투성이 기획은…

다음날

자료를 작성한 당일은 기분이 고조되어 있는 법이지요. 작성한 자료는 다음날 아침에 냉정한 눈으로 체크하는 것이 중요해요.

서둘러 작성한 자료를 다시 살펴보면 조사 등의 사용이 이상하거나 오탈자가 많은 법이다. 그대로 고객이나 상사에게 건넸다가는 나중에 창피해할 일이 생긴다. 그런 실수를 경험한 사람도 적지 않을 것이다. 오탈자 정도의 실수라면 쉽게 생각할 수도 있지만 자칫 청구서에 기재한 금액의 자릿수가 틀리기라도 하면 큰 문제가 아닐 수 없다.

그런 실수를 미연에 방지하는 요령이 하룻밤 자고 일어나 다음날 아침에 다시 읽는 것이다. 자료를 작성한 당일은 기분이 고조되어 있는 탓으로 아무래도 '오류를 찾으려는' 냉정한 마음이 되기 어렵다.

이 습관을 갖는 것만으로 실수를 막고 일의 정밀도를 높일 수 있다. 꼭 실천해보자.

**냉정해지는 시간을 설정하고
다시 체크하는 습관을 갖자.
그러면 실수가 극적으로 줄어든다.**

CHECK 당신의 현재 상황은?

☐ 작성한 자료를 다음날 아침에 다시 본다.

☐ 작성한 자료를 다시 체크하지 않는다.

ADVICE 이 방법을 행하기 위해서는 하루 전날 자료를 완성할 필요가 있다. 그러나 지금까지 여러 기술을 배우고 실천한 당신이라면 충분히 할 수 있다.

불안이나 걱정거리를 적어 시각화한 뒤에 버린다

일할 마음이 생기지 않거나 막연히 불안이나 걱정이 엄습해오면 일은 진행되지 못하지요. 그럴 때 효과적인 방법을 소개할게요.

왠지 모르게 불안하거나 다른 걱정거리에 마음을 빼앗겨 눈앞의 일에 집중할 수 없을 때가 있다. 이런 막연한 심리는 시각화해 말끔히 정리하면 끝이다.

A4 용지를 1장 준비한다. 그리고 머리나 마음속에 떠오르는 것을 모두 적는다. 예를 들어 아침부터 집중이 안 되고 안절부절못했다면 '짜증난다, 헤어스타일을 결정하지 못했다, 발을 밟혔다, 싫다, 지각, 커피를 마시지 않았다……' 이런 식이다. 누군가에게 보이기 위한 것이 아니기 때문에 일단 머릿속에 떠오른 생각들을 그대로 적어본다. 그러면 곧 마음이 편안해지고 '커피를 마시고 차분히 마음을 가라앉히자'라는 나름의 해결책을 발견한다. 그리고 그 종이는 구깃구깃 구겨 쓰레기통에 버린다. '고민을 벗어던지듯이' 버리는 행위를 함으로써 마음이 홀가분해진다.

**머리나 마음속의 초조함을 시각화하고
쓰레기통에 버리면 마음이 홀가분해진다!**

CHECK **당신의 현재 상황은?**
☐ 불안이나 걱정거리가 있으면 적는다.
☐ 불안이나 걱정거리를 가슴에 품고 있다.

ADVICE 이 방법은 '이것도 해야 하고 저것도 해야 하는' 패닉에 빠졌을 때도 효과 만점이다. 눈에 보이지 않기에 사람은 불안해진다. 보이도록 시각화하면 안심하게 된다.

49 | 오늘 좋았던 3가지 일을 떠올리고 좋은 기분으로 하루를 마친다

'내일은 이걸 꼭 해야 할 텐데……'라고 초조한 마음으로 하루를 마치면 불안해질 뿐이고, 심신에 부정적인 영향을 미칠 수 있어요.

하루를 끝내는 방법은 우리들의 생활에 매우 큰 영향을 미친다. 왜냐하면 뇌는 '하루의 마지막을 강하게 기억하고 그 기억을 잠자는 동안에 반복 재생한다'는 특징이 있기 때문이다. 그 때문에 뇌과학의 세계에서는 취침 10분 전 시간을 '뇌의 골든 타임'이라고 말한다.

따라서 하루의 끝에 '오늘 좋았던 일을 3가지 떠올리는' 일을 시험 삼아 해보자. 예를 들어 예정보다 일찍 서류를 제출해 상사의 칭찬을 받았다, 고객으로부터 '고맙다'는 말을 들었다 등등 무엇이든 좋다. '끝이 좋으면 모든 것이 좋다'라는 속담도 있듯이 하루를 '오늘도 잘 실천했다'라며 마무리 하면 좋은 기분으로 내일 아침을 맞이할 수 있다.

좋은 기분으로 하루를 마치고,
좋은 기분으로 내일을 맞이하자!

CHECK   **당신의 현재 상황은?**
- ☐ 취침 전에 하루를 돌아본다.
- ☐ 하루를 돌아보는 일이 거의 없다.

ADVICE   좋았던 일을 떠올리라고 하면 '계약 체결' 같은 큰 성과를 상상하지만, 작은 성과로도 충분하다. 점심이 맛있었다, 횡단보도에 서자마자 신호가 파란불로 바뀌었다…… 이런 사소한 것이라도 상관없다.

50 ┃ 목표를 달성하기 전에
다음 목표를 정하자

실천하는 사람이 되었다면 꼭 습득해야 하는 방법이에요. 실천하면 행동력이 높아지고 좀 더 큰 성과를 얻을 수 있어요.

보통 사람들은 현재 매진하고 있는 목표를 달성한 뒤에 그 다음 목표를 세운다. 예를 들어 1개월 뒤 10킬로미터 마라톤대회에 출전하기 위해 연습하는 중이라면, '10킬로미터를 무사히 완주한 다음에 어떤 대회에 나갈지 결정하자'는 사람들이다.

그러나 실천하는 사람은 여기서도 차이를 보인다. 10킬로미터 대회를 목표로 연습하는 동안, 다시 3개월 뒤에 있을 하프마라톤대회의 출전 신청을 마친다. 그러면 10킬로미터를 완주한 것으로 단순히 끝나지 않는다. 더욱 높은 수준의 목표를 향해 계속해 달리는 시스템을 즐겁고 간단히 만들어버린다.

목표 달성 전에 다음 목표 설정을 꼭 해보자.

지금의 목표를 좋은 의미에서의 통과점으로 만들면 더 높은 수준의 목표를 향해 행동을 이어갈 수 있다.

CHECK　　당신의 현재 상황은?
□ 목표 달성 전에 다음 목표를 결정한다.
□ 지금 목표 달성만을 생각하고 행동한다.

ADVICE　　이 방법은 '행동을 이어가는 요령'인 동시에 '능숙해지는 요령'이기도 하다. 일에서도 자격시험에서도 운동이나 다이어트 등 여러 가지 방면에서 활용할 수 있다.

Column

키워드 해설 ④

핀포인트 행동

핀포인트 행동이란 성과와 직결되는 행동을 말한다.

마라톤 기록을 예로 쉽게 설명해보자.
지난 마라톤 경기보다 기록을 30분이나 단축했다고 가정해보자.
'발한성이 좋은 운동복을 샀다' '코스 곳곳에서 부지런히 스포츠
음료를 챙겨 마셨다' 등의 이유를 떠올릴 텐데, 그 가운데서 최고
의 요인은 '팔을 더 빨리 앞뒤로 흔들었다'는 것이었다고 해보자.

이 경우에 기록 단축에 직결된 핀포인트 행동은 '재빠른 팔 움
직임'이었다고 말할 수 있다.

자신에게 핀포인트 행동은 무엇인가? 늘 이처럼 생각하는 습관
을 가진다면 행동력이 강화되고 효율적으로 성과를 낼 수 있다.
일에서도 취미에서도 좀 더 빨리 능숙해지는 사람이 당신 주위
에도 있을 것이다. 그것은 핀포인트 행동을 찾아내는 것이 누구
보다 능숙하기 때문이다.

5장

사례로 배우는
미니멀 비즈니스

실천하는
사람들의
성공 포인트

실천하는 사람들의
성공 포인트

행동하게 된 사람들의 성공 포인트는 무엇일까?

나는 지금까지 행동하지 못해 고민하는 사람들에게 행동 과학 매니지먼트 방법을 가르쳐왔다. 그리고 대다수 사람들이 '행동하는 사람'으로 변모해가는 모습을 지켜보았다.

이번 장에서는 영업 성적 향상, 일찍 일어나기의 습관화, 조깅의 지속……등등, 내가 실제로 관여해왔던 몇 가지 성공사례를 'Before/After' 형식으로 소개한다. 더불어 내가 조언한 내용이나 성공 포인트에 대해서도 설명한다.

당신의 고민을 해결할 힌트를 찾을지도 모른다.

임시 보관 상자로 정리정돈의 행동규칙이 변화했다

_20대 후반 남성 A씨

A씨는 지금까지 서류를 책상 옆에 쌓아두고 일주일에 한 번씩 정리해왔는데 실수가 계속 반복되었다. 그래서 그가 생각한 방법은 필요한 서류 이외에는 책상 밑에 마련해둔 '임시 보관 상자'에 모두 넣는다는 규칙이었다.

이 단순한 규칙을 도입함으로써 A씨의 행동이 달라졌다.

아침에 회사에 도착하자마자 A씨는 책상 주변에 있는 서류를 분류하는 일부터 시작했다. 아침에 필요한 서류만 책상 위 클리어파일에 넣고 필요 여부가 불분명한 서류는 '임시 보관 상자'에 담았다.

단, '임시 보관 상자'의 용량은 한정되어 있어 시간이 경과하면 더 이상 서류를 넣을 수 없다. 그 때문에 A씨는 즉석에서 필요 없다고 판단하는 서류는 바로 처분하는 습관을 자연히 갖게 되었다.

A씨는 '일을 마친 뒤 가볍게 정리하는 것이 좋다' '내일 필요한 자료만 책상 위에 두고 나머지는 서랍 안에 넣는' 식으로 나름의 정리정돈 규칙을 마련하고 실천했다.

지금은 직장 후배들로부터 "A씨의 책상을 보고 정리정돈하자"
라는 말이 나올 정도라고 한다.

성공 포인트

'정리정돈한다!'라고 결심만 하고 늘 실패했던 A씨였지만, '임
시 보관 상자'를 마련하고 규칙을 정함으로써 행동이 180도로
바뀌었다. A씨가 특히 훌륭했던 것은 '집에 돌아가기 전에 가볍
게 정리하는 것이 좋다'는 사실을 깨닫고 스스로 행동을 개선한
점이다. "나에게 주는 상으로 프리미엄 맥주를 정한 것도 좋았
다"라며 A씨는 웃는 얼굴로 말했다.

TO DO 리스트로 하루의 일을 시각화하니 영업 성적이 좋아졌다

_30대 초반 남성 B씨

근무가 시작되기 20분 전에는 회사에 간다. 출근하면 곧장 메일 체크를 하거나 전화 대응을 하는데, 늘 업무에 쫓긴다. 영업에서 확실히 결과를 얻어야만 하는데 모든 게 어정쩡한 상태로 하루 가 끝나버리는 일이 많았다고 B씨는 말했다.

그래서 B씨와 함께 생각해 다음과 같은 규칙을 정했다.

매일 아침, 근무 시작 5분 전에 '자기 시간'을 갖는 것이었다. 그 5분 동안에 TO DO 리스트를 만들기로 했다.

업무 시간 5분 전에 알람을 맞추고 알람이 울리면 곧장 TO DO 리스트를 작성했다. TO DO 리스트에는 하루에 해야 하는 일을 생각나는 대로 적고, 여기에 '오늘 할 일에는 ○ 표시, 오늘 하지 않아도 되는 일에는 × 표시'를 했다.

퇴근 1시간 전에도 알람을 맞춰놓고, 알람이 울리면 오늘 하기 로 했던 일 중에 완료하지 못한 일들을 체크하고, 다시 집중해 마칠 수 있도록 노력했다. 마지막으로 회사를 나오기 직전 1분 동안 그날 자신의 행동을 돌아보고 잘한 점과 그렇지 못한 점을 적도록 조언했다.

그 결과 B씨의 행동이 극적으로 변화했다.

B씨는 아침 단 5분으로 자신이 오늘 해야 하는 일을 파악하고 머릿속을 정리할 수 있었다고 한다. 그리고 TO DO 리스트에서 ○ 표시 한 일을 끝냈을 때의 상쾌함이 좋았고 모든 업무를 완전히 마쳤을 때는 개운하고 홀가분했다고 한다.

그중에서 가장 좋았던 것은 실제로 성과가 나오기 시작했다는 점이다. 영업실적이 개선된다, 더욱 좋은 성적을 얻을 수 있도록 생각한다, 그리고 시험 삼아 해보는 습관이 몸에 배었다고 B씨는 말해주었다.

성공 포인트

아침에 가장 먼저 자신의 행동을 '시각화'한 것이 B씨의 성공 포인트다. 또 퇴근 1시간 전에 울리도록 설정한 알람과 업무를 마치고 하루를 돌아보는 것도 큰 효과를 낳았다. 게임 화면을 클릭하는 것이 즐겁듯이 자신을 부추겨 행동하게 만드는 환경이나 시스템을 잘 설정하면 '끝내고 싶다' '좀 더 레벨을 높이자'라는 마음이 저절로 일어난다.

부하 직원에게 말을 건네는 타이밍과 목적을 명확히 한다

_30대 후반 남성 C씨

분위기가 어둡고 수평관계로 오가는 대화가 없었던 팀의 팀장인 C씨는 그런 분위기를 어떻게든 바꾸고 싶었다. 가능한 한 업무 중에 '별일 없지?' '힘내고!' 등등의 말을 건넸지만 바쁜 일정에 당혹스러워하는 얼굴이 역력해 고민이었다고 한다.

그런 C씨에게는 '오후 업무가 시작될 즈음에 말을 걸어보라'고 제안했다. "괜찮을 것 같습니다. 점심시간 직후라면 직원들도 비교적 긴장을 풀고 있어 쉽게 받아줄 것 같네요"라고 C씨는 대답했다. 그래서 오후 일이 시작될 때 부하 직원의 책상을 돌며 '진행 상황은 어때?'라고 묻는 것을 규칙으로 정했다.

그 결과, 가장 먼저 달라진 것은 C씨 자신의 마음이었다. 부하 직원에게 편히 말을 걸 수 있게 되었다. 이전에는 말을 걸 타이밍도 말을 어떻게 건네면 좋을지도 잘 몰라 어색했다. 그러나 이제 '진행 상황을 묻는다'라는 명확한 목적이 있으니 마음이 편해졌다.

또 부하 직원의 반응에도 변화가 보이기 시작했다고 한다. 점심 시간 동안에 보고할 내용을 머릿속으로 정리해두는 것이다. 이전에는 퇴근 무렵이 다 되어야 일이 아직 끝나지 않았다고 보고하는 일이 잦았는데, 오후 업무가 시작되는 시점에서 오늘 중으로 끝나지 않을지도 모른다고 보고했다.

이 중간보고의 습관이 팀의 분위기를 서서히 변화시켰다. 만일 부하 직원 한 사람이 마감에 일을 마치지 못할 것 같으면 다른 직원들과도 그 상황을 공유하고 서로 돕는 관계가 형성되었던 것이다.

지금 C씨의 팀 분위기는 매우 밝다. 정시에 일을 마치고 때때로 선술집에서 술잔을 기울이는 관계가 형성되었다. 즐겁게 식사하면서 대화를 나눌 때가 모두에게 공통의 선물이 되었는지 모른다고 C씨는 웃으며 말했다.

성공 포인트

C씨는 부하 직원에게 말을 건네는 타이밍과 목적을 자기 안에서 '시각화'하는 데 성공했다. 그 결과, 질문을 받은 부하 직원들도 안심하고 차분하게 자신의 현재 상황을 보고할 수 있게 되었다. 또한 함께 선술집에 가는 이벤트가 부하 직원에게 선물이 된 것도 놀라운 점이다. '자신뿐 아니라 동료를 위해 분발한다'면 사람은 더욱 큰 힘을 발휘할 수 있기 때문이다.

일어나자마자 행동하는 시스템과 아침식사로 다시 잠들지 않았다

_20대 후반 여성 D씨

아침에 좀처럼 일어나지 못하는 D씨. 일어났다가 다시 잠드는 일도 잦아 늘 출근 시간에 간신히 맞춰 나오는 바람에 지각 걱정을 떨쳐내지 못했다. 그래서 어떻게 하면 다시 잠들지 않을지 D씨와 함께 생각했다.

우선 일어날 때의 환경을 돌아보고 '알람을 두 개로 설정하자' 고 제안했다. 단, 같은 장소에 두 개를 놓아두는 것이 아니라 하나는 침대 옆에 다른 하나는 일어나지 않으면 끌 수 없는 TV 옆에 두었다. 이것으로 침대에서 자동적으로 일어날 수밖에 없게 되었다.

다음으로 함께 생각한 것은 일어난 뒤에 행동하는 것이다. D씨는 모처럼 일찍 일어나도 할 일이 아무것도 없어 다시 침대로 돌아왔다. 따라서 일어나 두 개의 알람을 끄고 그대로 세수한다는 규칙을 정했다.

마지막으로 일찍 일어났다면 자신에게 상을 주기로 했다. D씨가 매우 좋아하는 프리미엄 요구르트를 아침식사가 끝난 뒤에 다시 잠들지 않으면 먹을 수 있고, 다시 잠이 들면 프리미엄 요구르트를 먹을 수 없다는 규칙도 정했다.

그 결과 D씨는 일찍 일어나는 것을 습관화하는 데 성공했다. 지금은 업무 시작 30분 전에 회사에 도착하고 있다. 출근 시간에 여유가 생겨 지하철이 조금 지연되어도 지각 걱정이 없다며 즐거운 듯이 말해주었다.

성공 포인트

알람을 끄기 위해서 자연히 일어나는 시스템이나 침대로 다시 돌아오지 않는 시스템을 만든 것이 성공 포인트다. 또한 D씨는 좋아하는 프리미엄 요구르트를 여유롭게 맛보고 싶어서 일어나게 되었다고 한다. 아침식사라는 선물에 의해서 D씨가 일찍 일어난다는 목적이 적극적으로 바뀐 것도 컸다.

좋아하는 주스와 전날 밤의 운동준비로 조깅이 즐거워
지고 습관화하는 데 성공했다
_30대 초반 여성 E씨

주 3회 월수금, 일찍 일어나 3킬로미터를 달리겠다고 마음먹고
행동을 시작한 E씨. 처음 일주일은 좋은 컨디션으로 달렸지만,
그 다음 주에는 이틀밖에 달리지 못하고 그 다다음 주는 하루밖
에 달리지 못해 좌절했다고 한다.
그래서 E씨와 함께 달리기가 즐거워지는 규칙이나 시스템을 만
들었다.

먼저 갖고 싶던 러닝화를 샀다. 그때까지 E씨는 '조깅을 해야
하는데……' 하는 생각은 했지만 다소 소극적이었다. 그러나 신
고 싶었던 러닝화를 장만하고 난 뒤 밖에 나갈 생각에 왠지 즐
거워지며 진취적인 태도로 바뀌었다.

이어서 운동복과 러닝화를 눈에 잘 보이는 곳에 두기로 했다. 조
깅하겠다는 자신의 의지를 다잡고 더욱 적극적으로 조깅 준비
를 하기 쉬운 환경을 만들었다.

또한 아침에 일어나면 욕실에서 세수하고 물을 한 잔 마시고 나서 운동복으로 갈아입고 현관에서 러닝화를 신을 때까지의 행동 순서를 확인했다.

E씨는 침대 옆에 운동복을 준비하고 현관에 러닝화를 꺼내놓고 잠자리에 든다. 그리고 아침에 일어나면 정해진 행동 순서에 따라서 자연히 행동을 개시한다. 그 결과, E씨는 주 3회의 조깅을 즐기면서 꾸준히 해나가고 있다.

성공 포인트

갖고 싶던 러닝화를 구입하고 '해야 하는데……' 하는 부담감마저 느꼈던 조깅을 '하고 싶다!'로 바꾼 것이 성공 포인트다. 또한 운동복이나 러닝화를 전날 밤에 미리 준비해두고 조깅하러 나갈 때까지의 행동 순서를 정해두어 주저하는 시간, 쓸데없는 생각을 하는 시간을 차단함으로써 계속해나갔다.

Column

행동 돌아보기

행동하는 것에만 의식이 집중되면 눈앞에 놓인 일을 끝내는 데만 신경 쓰기 쉽다. 그러나 일의 질이 동반되지 않는다면 행동하는 사람이라고 할 수 없다. 자신의 행동을 돌아보는 시간을 가지고 일하는 방식이나 진행 방법에 대해 생각하면 업무의 질도 효율도 비약적으로 향상된다.

PDCA 사이클이라는 말을 들어본 적이 있는가? 'PLAN(계획하다)/DO(실행하다)/CHECK(평가한다)/ACTION(개선한다)'의 머리글자로 기업의 생산성을 높이거나 품질 향상을 위한 놀라운 방법으로 알려져 있다.

행동 돌아보기가 습관이 되면 매일의 생활 속에서 PDCA 사이클이 작용하는 것과 같다. 하루의 행동을 돌아보고 '어떻게 하면 좀 더 잘 할지'를 생각하는 습관을 갖도록 하자.

6장

미니멀 비즈니스를 위한
'행동정착 시트'의 활용술

행동을 습관화해
가장 빨리
목표를 달성하는
기술

실천하는 사람이 되었다면 더 높은 수준을 향해

주어진 목표를 달성하는 데 만족하지 말고 스스로 세운 목표를 달성하기 위해 행동하자!

TO DO란 목표를 달성하기 위해 해야 하는 행동을 의미한다. 그리고 이 책에서는 주어진 목표에 대해 얼마나 심플하게 실천할 수 있는지를 주제로 지금까지 이야기해왔다.

그런데 이번 장에서는 좀 다른 이야기를 할 예정이다. 행동수준을 한 단계 끌어올릴 것이다. 그러기 위해 '목표 설정부터 스스로 해보자'는 내용이다.

어떤 사람은 실천하는 사람으로 변모한 것만으로도 이미 충분하다고 생각할지 모른다. 그러나 그것만으로는 부족하다. 스스로 목표를 세우고, 최고의 속도로 목표를 달성하는 기술을 익힘으로써 좀 더 큰 기쁨을 맛볼 수 있기 때문이다.

스스로 목표를 세운다는 것은 설레는 미래를 상상하고 그런 미래에 반드시 도달하겠다고 스스로 결심하는 일이다. 그리고 그를 위해 한 계단씩 딛고 오르는 것이다.

목표 달성을 잘하는 사람은
자신을 움직이는 요령을 알고 있다

실제로 목표 달성을 잘하는 사람은 스스로 인생을 조종하는 즐거움을 만끽하고 있다. 그리고 그 즐거움을 맛보기 위해 다음 목표에 도전한다. 결국 선순환 속에 있는 것이다.

목표 달성을 잘하는 사람과 그렇지 못한 사람의 차이는 능력차가 아니다. 이 책에서 여러 차례 말했듯이 자신을 움직이는 요령을 알고 있는지 그렇지 않은지의 차이일 뿐이다.

그 증거로 그들은 '단계를 세분화한다' '성과를 낼 행동부터 시작한다' '자신에게 상벌을 준다'는 행동과학 매니지먼트의 방법을 목표 달성 과정에 도입한다.

행동정착 시트

행동정착 시트	시트 NO.

달성할 목표(큰 목표)

이번 주의 목표

행동 개시일 　　　　목표 달성일
[　년 　월 　일] ~ [　년 　월 　일]

월/일	행동 목표	결과	돌아보기
/			
/			
/			
/			
/			
/			
/			

목표 달성을 위해 계속하는 행동

중간 목표(작은 목표)

성공하고 자신에게 줄 상

실패한 경우 자신에게 줄 벌칙

행동 달성률	응원자
%	

이번 주의 달성률	일주일의 행동 돌아보기
%	

행동정착 시트는 복사해 목표를 적고 파일링 하면 행동의 궤도를 돌아볼 수 있어 편리하다.

　　그래서 이 같은 행동강화의 핵심만을 담은 '행동정착 시트'를 이 책의 부록으로 첨부했다.

　　스텝 1부터 스텝 6까지는 스스로 목표를 설정하고 행동정착 시트에 기록하는 방법을 설명한다. 시트를 활용해 우선 1개월 동안 실천해보자. 당신의 행동력이 서서히 강화되고 빠른 속도로 목표를 달성할 수 있는 요령을 익히게 될 것이다.

STEP 01 전부터 하고 싶었던 일을 적어보자

먼저 자신의 마음속에서 '전부터 마음에 걸렸던 일'을 단어라도 좋으니 떠올린 그대로 적어보자. 일은 물론 사적인 것이라도 좋다. 또 해보고 싶었던 것, 그만두고 싶은 것이라도 좋다. '영업 성적 향상, 책상 주변 정리, 영어, 조깅, 독서, TV 시청, 밤샘, 과식…… 이라는 식으로 적어보자.

STEP 02 마음에 걸리는 것 중에서 주제를 하나 선택해보자

종이에 적은 것 중에서 목표 달성에 힘쓰고 싶은 주제를 하나 선택한다. 다음과 같은 준비로 선택할 것을 권한다.

❶ '해야만 하는' 것보다 '하고 싶은' 것을 선택한다. 예를 들어 '영어 공부를 해야만 한다'와 '살 빼고 싶다!'는 것이 있다면 '살 빼고 싶다'를 선택하는 것이 목표 달성률을 높인다.

❷ 1개월에 결과를 얻을 수 있는 것을 선택한다. 먼저 눈에 보이는 변화를 기대할 수 있는 '1개월' 동안에 힘쓸 것을 선택해보자.

STEP 03 주제에서 목표를 결정하고 성과를 구체적으로 생각해보자

주제를 하나 골랐다면 다음에는 '목표'를 생각한다. 기한은 1개월 뒤로 설정한다. 왜 1개월인가 하면, 어떤 목표라도 눈에 보이는 변화를 기대할 수 있고, 1개월 동안 행동을 지속할 수 있다면 습관화되기 때문이다.

예를 들어 주제를 다이어트로 선택한 경우 '1개월 뒤에 어떤 상태를 이끌어내고 싶은가?'를 생각한다. 다시 한 번 강조하지만 목표는 계측할 수 있어야만 한다. '살 빼고 싶다'가 아니라 '체중을 2킬로그램 빼겠다', '영어회화를 잘하고 싶다'가 아니라 'TOEIC에서 750점 이상을 받겠다'처럼 구체적으로 설정하자.

STEP 04

효율적으로 목표 달성을 하기 위해 해야 하는 행동을 결정하자

다음은 해야 하는 행동의 내용을 결정하자.

예를 들면 다이어트를 위해 해야 하는 행동은 사람에 따라서 다르다. 어떤 사람은 '식이요법과 걷기'일지 모르고, 어떤 사람은 '달리기'일지도 모른다. 어쨌든 성과를 쉽게 얻을 것 같고 자신의 흥미를 지속시키는 방법을 반영해 결정한다.

다음으로, 1개월 동안에 '언제, 어디서, 어느 정도 행동할지'를 결정한다. 행동의 내용은 실제로 행동하고 돌아보는 가운데 달라질 가능성이 있기 때문에 여기서는 임시로 결정해도 좋다.

STEP 05 1주일마다 작은 목표를 설정하자

1주일 뒤, 2주일 뒤, 3주일 뒤, 각각의 작은 목표(중간 목표)를 설정해보자.

작은 목표를 설정함으로써 '할 수 있을 것 같다'는 자신감을 높이고, 또 목표를 달성하는 1개월 동안 어떤 궤적을 밟게 될지 구체적으로 머릿속에 그릴 수 있기 때문이다.

예를 들면 1개월 뒤에 2킬로그램 감량하고 싶다고 해보자. 1주일 뒤에 0.5킬로그램 감량, 2주일 뒤에 0.5킬로그램 감량, 3주일 뒤에 0.5킬로그램 감량, 그리고 마지막 1일주일에 다시 0.5킬로그램 감량하면 된다는 큰 이미지가 그려진다.

STEP 06

행동 달성률을 설정하고
상과 벌칙을 정하자

행동했을 경우의 상, 행동하지 못했을 경우의 벌
칙도 결정하자. 먼저 행동 달성률을 결정한다. 100
퍼센트가 바람직하지만, 처음부터 무리하지 말고
달성률을 80퍼센트 정도로 설정할 것을 권한다.

상과 벌칙은 행동과 연관 있는 것을 선택하면 좋
다. 예를 들어 다이어트의 경우 상은 '달성률을 웃
돈다면 케이크를 1개 먹는다', 벌칙은 '케이크를
먹을 수 없다' 등이다.

더불어 당신의 행동을 지켜보고 응원해주는 응원
자를 선택해 당신의 목표를 전하자.

● 그렇다면 '행동정착 시트'에 적어보자. 1개월간 실천함으로써 당신의 행동력은 확실히 향상될 것이다!

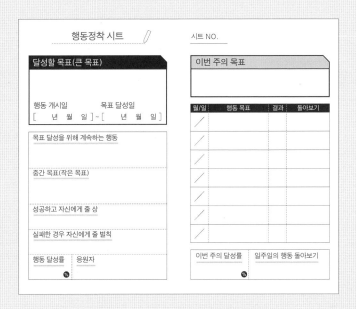

◈ 기록해야 하는 항목

* 달성하고 싶은 목표(큰 목표)……1개월 뒤의 목표를 적는다.
* 행동 개시일~목표 달성일……1개월의 시작/종료 일을 적는다.
* 목표 달성을 위해 계속하는 행동……1개월 동안의 행동 예정을 적는다.
* 중간 목표(작은 목표)……주마다 목표를 적는다.
* 성공하고 자신에게 줄 상……행동 달성률을 넘었을 때 상을 적는다.
* 실패한 경우 자신에게 줄 벌칙……행동 달성률을 밑돌 때 벌칙을 적는다.
* 행동 달성률……상과 벌칙의 기준이 되는 달성률을 적는다.
* 응원자……당신의 행동을 지켜보고 응원해주는 사람의 이름을 적는다.
* 이번 주의 목표……이번 주의 목표를 적는다.
* 월/일, 행동 예정……날짜를 적은 뒤, 행동 예정란에 내용을 적는다.

◈ 일주일 행동하면서 기입하는 항목

* 결과……행동 결과를 ○×로 적는다.
* 돌아보기……예정과 결과를 돌아보고 느낀 것을 적는다.
* 이번 주의 달성률……이 주의 행동 달성률(자기평가)을 적는다.
* 일주일의 행동 돌아보기……달성율을 보면서 느낀 것을 적는다.

─ 행동정착 시트 보기 ─

● Y·S씨(29세, 남성, 광고대리점 근무)

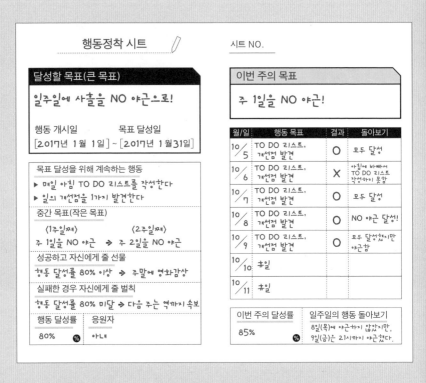

행동정착 시트 ✎   시트 NO.

달성할 목표(큰 목표)

일주일에 사흘을 NO 야근으로!

행동 개시일   목표 달성일
[2017년 1월 1일] ~ [2017년 1월 31일]

목표 달성을 위해 계속하는 행동
▶ 매일 아침 TO DO 리스트를 작성한다
▶ 일의 개선점을 1가지 발견한다

중간 목표(작은 목표)

〈1주일째〉   〈2주일째〉
주 1일을 NO 야근 ➡ 주 2일을 NO 야근

성공하고 자신에게 줄 선물
행동 달성률 80% 이상 ➡ 주말에 영화감상

실패한 경우 자신에게 줄 벌칙
행동 달성률 80% 미달 ➡ 다음 주는 역까지 속보

행동 달성률	응원자
80% %	아내

이번 주의 목표

주 1일을 NO 야근!

월/일	행동 목표	결과	돌아보기
10/5	TO DO 리스트, 개선점 발견	O	모두 달성
10/6	TO DO 리스트, 개선점 발견	X	아침에 바빠서 TO DO 리스트 작성하지 못함
10/7	TO DO 리스트, 개선점 발견	O	모두 달성
10/8	TO DO 리스트, 개선점 발견	O	NO 야근 달성!
10/9	TO DO 리스트, 개선점 발견	O	모두 달성했지만 야근함
10/10	휴일		
10/11	휴일		

이번 주의 달성률	일주일의 행동 돌아보기
85% %	8일(목)에 야근하지 않았지만, 9일(금)는 21시까지 야근했다.

* 1개월 뒤의 목표는 '주 3일은 야근하지 않고 귀가할 것'. TO DO 리스트 작성과 돌아보기를 행동 예정으로 주 4회 행동. 그 결과, 1주째의 작은 목표도 달성했다.

● S · J씨(33세, 남성, 생명보험회사 근무)

행동정착 시트 ✏️

시트 NO.

달성할 목표(큰 목표)

1개월간 예비고객을 4명 늘린다!

행동 개시일	목표 달성일
[2016년 9월 28일] ~	[2016년 10월 25일]

목표 달성을 위해 계속하는 행동
▶ 전시회 등에서 명함교환(30명)
▶ 명함교환 후 메일(30명)

중간 목표(작은 목표)
매주 1명씩 예비고객을 늘린다

성공하고 자신에게 줄 선물
달성률 90% 이상→토요일에 프리미엄 먹주를 마실 수 있다!!

실패한 경우 자신에게 줄 벌칙
달성률 90% 이하로 편의점 디저트를 1회 먹는다!!

행동 달성률	응원자
90% %	상사인 김 과장

이번 주의 목표

예비고객 1명 늘린다

월/일	행동 목표	결과	돌아보기
9/28	전시회에서 명함교환 (20명)	O	20명과 명함교환!
9/29	지인 파티에서 명함교환(10명)	X	6명과 명함교환!
9/30			
10/1	메일 보내기(30명)	O	26명에게 메일 보냄!
10/2			
10/3	휴일		
10/4	휴일		

이번 주의 달성률	일주일의 행동 돌아보기
87% %	28일(월)에 20명+α과 명함을 교환했다면 좋았다

＊ 1개월 동안에 예비고객 4명을 늘린다는 목표를 설정. 핀포인트 행동인 '명함교환과 메일 보내기'가 약간 부족해 '일주일의 행동 돌아보기'에서 다음 주 이후의 개선안을 적었다.

● U · R씨(31세, 여성, 식품회사 근무)

행동정착 시트 ✎

달성할 목표(큰 목표)

TOEIC 점수를 70점 높인다!

행동 개시일 목표 달성일
[2017년 1월 2일] ~ [2017년 1월 29일]

목표 달성을 위해 계속하는 행동
영어 듣기 테이프를 1개월 동안 15시간 듣는다!

중간 목표(작은 목표)
1주일째…2시간, 2주일째…3시간,
3주일째…4시간, 4주일째…6시간

성공하고 자신에게 줄 선물
달성률 80% 이상이면 멋진 카페에서 점심 먹기

실패한 경우 자신에게 줄 벌칙
달성률 80% 이하면 영자신문 한 면을 읽는다

행동 달성률	응원자
80% ✐	TOEIC 친구들

이번 주의 목표

영어 듣기 테이프를 2시간 듣는다!

월/일	행동 목표	결과	돌아보기
11/2	회사에 가는 동안 테이프를 15분 듣는다	O	들었다
11/3	〃	O	20분 들었다
11/4	휴식		
11/5	회사에 가는 동안 테이프를 30분 듣는다	O	출근 20분, 퇴근 10분
11/6	〃	O	출근 20분, 퇴근 10분
11/7	산책하면서 테이프를 1시간 듣기	O	기분 좋다
11/8	휴일		

이번 주의 달성률	일주일의 행동 돌아보기
100% ✐	퇴근할 때보다 출근할 때 더 크게 들을 수 있다. 산책하면서 듣자 기분 Good!

* 1개월 뒤 TOEIC 시험을 목표로 설정. 듣기로 점수를 높이기 위해서
  듣기 공부시간 총 15시간을 목표로 행동 개시. 1주째 행동 달성률은
  100퍼센트였다.

● A · I씨(26세, 여성, 의료기기회사 근무)

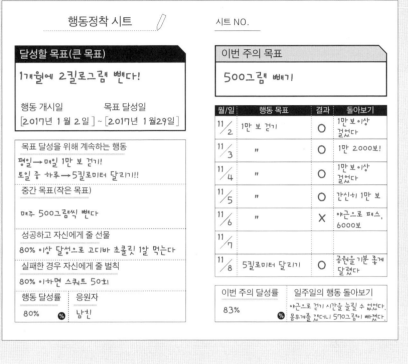

행동정착 시트 🖊   시트 NO.

달성할 목표(큰 목표)

1개월에 2킬로그램 뺀다!

행동 개시일   목표 달성일
[2017년 1월 2일] ~ [2017년 1월 29일]

목표 달성을 위해 계속하는 행동
평일 → 매일 1만 보 걷기!
토일 중 하루 → 5킬로미터 달리기!!

중간 목표(작은 목표)
매주 500그램씩 뺀다

성공하고 자신에게 줄 선물
80% 이상 달성으로 고디바 초콜릿 1알 먹는다

실패한 경우 자신에게 줄 벌칙
80% 이하면 스쿼트 50회

행동 달성률   응원자
80% 🙂   남친

이번 주의 목표

500그램 빼기

월/일	행동 목표	결과	돌아보기
11/2	1만 보 걷기	O	1만 보 이상 걸었다
11/3	"	O	1만 2,000보!
11/4	"	O	1만 보 이상 걸었다
11/5	"	O	간신히 1만 보
11/6	"	X	야근으로 패스, 6000보
11/7			
11/8	5킬로미터 달리기	O	공원을 기분 좋게 달렸다

이번 주의 달성률	일주일의 행동 돌아보기
83%	야근으로 걷기 시간을 늘릴 수 없었다. 몸무게를 쟀더니 570그램이 빠졌다.

* 1개월 동안 2킬로그램 감량을 결의. 경험상 '걸으면 살이 빠진다'는 것을 잘 알고 있어서 걷기 중심으로 행동. 1주일째의 행동 달성률은 100퍼센트로 작은 목표도 멋지게 달성.

여러분, 안녕하세요.

행동과학매니지먼트연구소에서 행동습관 컨설턴트 겸 행동정착 코치로 일하는 도미야마 마유입니다. 이 책《오늘부터 심플하게 일하기로 했다》를 선택해주셔서 진심으로 감사드립니다.

저는 오래전부터 '행동'이라는 말에 관심이 많았습니다. 대학에서는 행동의 변용에 관한 이론을 공부했습니다. 그런데 저 역시 행동하고 실천하는 것에 어려움이 많았습니다. 연구소에 입소하기 전 사회인 3년차 무렵까지 저는 자신을 움직이는 데 몹시 서툴렀습니다. 언제나 행동이 아니라 감정에 컨트롤 당해 순조롭게 일하지 못했습니다.

누구나 경험해봤을 법한 일이지만 무엇이든 자꾸 미루고, 일이 진척되지 않아 야근이 많았고, 항상 피드백에 쫓겼습니다. 물론 새로운 일을 시작할 수 없었고, 열심히 하는 데 성과가 나지 않았습니다.

의지나 의욕이 부족한 걸까 능력이 없는 걸까, 감정에 휘둘리지 않고 자신을 매니지먼트할 수는 없을까 고민하던 중에 행동과학 매니지먼트와 만났습니다. 그리고 '행동'에 관한 전문적이고 실천적인 것을 좀 더 심도 있게 이해할 수 있었습니다. 그리고 현재 대기업에서 중소기업에 이르기까지 회사의 사내연수를 활발하게 펼치며, 다양하고 폭넓은 대상으로 셀프 매니지먼트 연수를 매년 90회 정도 개최하고 있습니다. 연수 후 행동지원으로 '행동습관화 트레이닝'을 도입하고 기업에서의 목표달성과 직원교육 분야에서 성과를 올리고 있습니다.

이 일을 하고 가장 즐거운 것은 지금까지 자신의 생각대로 일할 수 없어 '무슨 일을 해도 어렵고 힘들다'며 고민했던 분들이 스스로를 움직이고 작은 행동을 차곡차곡 쌓아올린 결과 행동하는 사람으로 변신해가는 것입니다.

‘고민하는 시간이 줄었다.’
‘나중으로 미루는 버릇이 없어졌다.’
‘감정에 휘둘리는 일이 없어졌다.’
‘자신이 해야 할 일에 집중할 수 있게 되었다.’
‘지금까지 짜증스럽게 했던 일을 즐겁게 하게 되었다.’

이런 이야기를 듣는 것이 나의 목표입니다. 하지만 그것은 결코 우연이 아니라 행동해온 필연적인 결과입니다. 그 변화를 직접 눈으로 확인하는 일은 큰 기쁨입니다.

이 책에는 지금까지 현장에서 실제로 효과를 올린 여러 방법 중 심플하게 일하고 홀가분해진다는 관점에서 미니멀 비즈니스 실천법 50가지를 선택해 담았습니다.

어떤 분들은 '이런 방법으로 무엇이 달라진다는 거야?'라며 반신반의하실지 모릅니다. 그러나 그런 분일수록 꼭 실천해보시길 바랍니다. '기필코 올해는' '반드시 이번 달에는' '오늘이야말로'라는 생각이 들 때 실천하고 싶은 항목부터 도전해보세요.

그리고 한 가지 꼭 약속해주실 게 있습니다. 만일 도중에 포기하더라도 절대 자신을 책망하지 말아야 합니다. 중간에 중단했다고 해도 일단 잠시 쉬었다가 다시 시작하면 그뿐이니까요. 사람은 언제든 변할 수 있습니다.

여러분이 좀 더 이상적인 자신에게 다가가는데 이 책이 조금이나마 도움이 되었다면 더할 나위 없이 행복하겠습니다.

도미야마 마유

'시키면 시키는 대로 해.'

아마도 직장을 다니는 사람이라면 이 말이 얼마나 사람을 무기력하게 하는지 알 것입니다.

저는 지금 강연이나 기업연수 등을 통해서 주로 기업의 경영자나 관리직 분들에게 행동과학 매니지먼트 방법을 소개하고 있습니다. 그런 임원들은 조직을 운영 관리하는 입장에서 모든 업무의 근간을 '셀프 매니지먼트'라고 말합니다.

셀프 매니지먼트는 직역하면 '자신을 관리한다'는 의미지만, 이것을 좀 더 쉽게 표현하면 '자신을 움직이는 것'이 됩니다. 그렇다면 왜 '자신을 움직이는 것'이 모든 일의 근간이 되는 것일까요? 그것은 스스로 자신을 움직일 수 없는 사람은 타인을 움직일 수 없기 때문입니다.

'어떻게 하면 자신을 움직일 수 있는가?' '어떠한 때에 자신이 행동할 수 없는가?'를 스스로 이해하지 못한다면 유감스럽게도 부하직원을 교육할 수 없습니다. 자신을 움직이는 힘이란 건물에 비유하면 기초에 해당하는 부분입니다. 이 힘을 익히지 않는다면 다른 어떤 기술을 배워도 건물은 늘 휘청거립니다.

이 책은 지금 당장이라도 도입할 수 있는 행동과학 매니지먼트를 활용한 미니멀 비즈니스 실천법 50가지를 일러스트 중심으로 쉽게 소개하고 있습니다. 이 방법들을 업무나 일상생활에 도입해 실행할수록 당신의 '자신을 움직이는 힘'은 향상될 것입니다.

당신이 오늘부터 자신을 움직이는 기술로 심플하게 일하고 홀가분한 삶을 즐기는 사람으로 변화해가길 진심으로 바랍니다.

이시다 준

오늘부터 심플하게 일하기로 했다
미니멀 비즈니스 실천법 50

초판 1쇄 발행 2017년 5월 20일

지은이 도미야마 마유
옮긴이 박재현

펴낸이 정연금
펴낸곳 멘토르
등록 2004년 12월 30일 제302-2004-00081호
전화 02-706-0911
팩스 02-706-0913
홈페이지 http://www.mentorbook.co.kr
이메일 mentorbooks@naver.com
ISBN 978-89-6305-137-6 (03190)

* 책값은 뒤표지에 있습니다.
* 잘못된 책은 구입한 서점에서 바꾸어 드립니다.

멘토르출판사는 여러분의 참신한 아이디어와 소중한 원고를 기다리고 있습니다.
좋은 기획안 또는 원고가 있는 분은 mentorbooks@naver.com으로 보내주십시오.